함께 걷는 길(동행)

함께 걷는 길

박승원과 함께가는
공공
공정
공감의 길

박승원 지음

임인년 새해가 밝았습니다.

광명은 새로운 도약의 시대로 접어들었습니다.
여러 많은 일이 예정되어 있습니다.

위대한 도시에는 위대한 시민이 있습니다.

'빨리 가려면 혼자 가고, 멀리 가려면 함께 가라'는 말이 있습니다.
앞으로 제가 걷는 길에 여러분이 있어,
함께 멀리 걸어가겠습니다.

| 추천사 |

박승원, 함께 광명한 내일을 꿈꾸는 사람

박승원 시장의 역저 '함께 걷는 길'의 추천사를 쓰려 펜을 든 오늘, 필연적으로 87년 엄혹한 군부독재에 맞서 민주항쟁을 이끈 故 이한열 열사의 어머니, 배은심 여사가 소천하시고 평생 고대하던 아들과의 회우를 나누게 된 날이다. 고인의 명복과 더불어 민주화를 위해 피 흘린 고귀한 청춘들께 고개를 숙인다.

박 시장의 여정도 그해 6월, 청년들의 함성이 온 민족을 깨우던 그 광장에서 시작한다. 폭력과 독재, 부정으로 점철되던 군부에 맞서 민주주의를 외치던 학생 박승원. 그는 오랜 시간 공동체의 안녕을 고민해온 시민운동가이자 민주주의자다.

같은 시절 나도 국위 선양을 일생의 사명이자 숙명으로 믿고 태극마크를 펄럭이며 전 세계를 누빈 기억이 있다. 당시 우리네 청춘들은 왜 그리도 조국을 사랑했을까? '빼앗긴 들에도 봄은 오듯' 우리의 함성과 노력 한 방울이 냉혹한 현실을 녹이고 조국의 봄을 앞당기지 않을까 하는 막연한 용기였던 것 같다.

박 시장이 말하는 '함께 걷는 길'은 30대 뜨거운 청춘이 열정 한 움큼 들고 온 낯선 광명에서 공직자로 또 지방의원으로 서민들과 고락을 같이하고 이제는 시장으로 시민을 섬기는 삶의 여정에서 직접 체험한 '연대의 힘'을 논하고 있다.

그가 경험한 평생학습의 가치, 정치·행정의 본령, 지방자치와 분권의 힘이 이제 공공·공정·공감이라는 사람 중심의 비전으로 행정 곳곳에 녹아 정치는 시민과 함께 고민하고, 행정은 시민과 함께 일하는 민주 도시, 광명을 만들었다.

나 역시 조국과 광명의 미래를 거듭 고민하는 시민의 공복(公僕) 이어서인지 책을 읽는 내내 "다 함께 광명해요"라는 우리시 슬로건이 깊은 곳에서 메아리쳐온다. 코로나 팬데믹으로 생계는 물론 생명의 위협까지 느끼실 수많은 국민 여러분께 이 책에 담긴 희망과 다 함께 광명한 미래를 선물하고 싶다.

2022. 01. 09
더불어민주당 광명시 갑 국회의원 임 오 경

| 추천사 |

믿음과 꿈을 공유하고 함께 걸을 수 있길

박승원 광명시장을 한마디로 표현할 수 있는 말은 무엇일까요? 지방자치와 분권 운동을 꾸준히 해온 모범적인 '지방 정치인'입니다.

박 시장은 30대 중반에 광명에 들어와 시민운동과 시민교육 활동가로 일하다 광명시장 비서실장, 광명시의원, 경기도의원으로서 지역 민생을 위해 열정적으로 활동했습니다.

2016년부터는 경기도의회 더불어민주당 대표의원으로 한국 지방자치의 혁신모델로 평가받고 있는 경기도 연정을 이끌면서 자치와 분권에 기여했습니다.

또한 박 시장은 '배워서 나눠주자'와 '내 삶을 바꾸는 자치분권'이라는 책을 발간하여 평생학습과 자치분권에 대한 남다른 열정을 보여주었습니다.

2018년 광명시장으로 취임한 후에는 광명시민과 함께 지역발전을 위해 노력해왔습니다. 코로나19라는 어려움 속에서도 그간 경험한 내용을 모아 '함께 걷는 길'이란 책을 펴내 의미가 있습니다.
이 책은 박 시장이 중점적으로 추진했던 사업에 대한 성과와 아울러 지역을 바꾸고 올바른 주민자치 행정을 실현하기 위해 노력해온 박 시장의 진면목을 느낄 수 있습니다.

이 책을 통해 많은 분들이 박 시장의 믿음과 꿈을 공유하고 함께 걸을 수 있길 기원합니다.

2022. 01. 09

더불어민주당 광명시 을 국회의원 양 기 대

| 추천사 |

'함께 걷는 길' 출간을 축하드립니다.

새 길을 찾으려면 우선 내 위치를 정확히 알아야 합니다. 그래서 좌표가 있어야 하고 그에 임하는 자세가 있어야 합니다. 박승원 시장은 그 답을 제시할 수 있는 사람입니다.

박승원 시장의 오랜 경험과 비전을 담아 책을 냈다고 합니다.
흔히 보이는 경험의 나열이나 비전의 짜깁기가 아닌, 현장의 긴장감과 생각의 치열함이 모두 살아있습니다. 책을 읽는 내내 경륜과 통찰이 느껴졌습니다. 장인의 솜씨로 개인의 경험과 광명시의 비전을 녹여내고 있습니다.

박승원 시장은 품이 넓은 사람이기에 더 많이 더 깊게 품을 것입니다. 지역 정치의 통찰과 비전으로 난제들을 해결할 것이라 믿습니다.

1980년대, 한양대학교를 다니며 군부독재에 맞서 민주화운동을 하고, 30대 중반 광명에 들어와 시민운동과 시민교육 활동가로 일했습니다.

박 시장은 저와 함께 오랫동안 광명에서 함께 일하며 정치의 길을 걸어 온 동지이기도 합니다. 또한 누구보다 자치 분권과 평생학습 도시의 미래를 설계해 온 현장형 정치가 이기도 합니다.

평생학습에 대한 소신으로 광명시를 전국 최초 평생학습 도시로 만들며, 평생학습에 대한 철학을 담은 '배워서 나눠주자'라는 책을 펴냈었고, 2017년엔 '내 삶을 바꾸는 자치분권'이라는 책을 내며 지역에서 좋은 정책을 발굴하고 재정자립을 통해 경쟁력을 확보하면, 이는 곧 국가 전체의 경쟁력이 될 수 있다는 것을 역설했습니다.

이 책에서는 그동안 박승원 시장이 코로나19 광풍 속에서도 광명시장으로 있으면서 중점적으로 추진했던 사업에 대한 성과와 아울러 그가 얼마나 시민들을 올바른 주권자로 세우기 위해 노력했는지에 대한 철학이 엿보입니다.

지역을 바꾸고 올바른 주민 자치행정을 실현하기 위해 노력해온 박승원 시장의 도전과 열정에 박수를 보냅니다. 박승원 시장의 삶과 철학이 올올이 새겨져 있는 '함께 걷는 길'을 통해 많은 분이 그의 믿음과 소신을 공유할 수 있기를 바랍니다.

2022. 01. 09

전 광명시장, 전 광명 갑 국회의원 **백 재 현**

| 들어가는 말 |

출 발

시민들은 무슨 생각을 하고 살까? 시장에 당선되고 일하면서 늘 스스로에게 던지는 질문이다. 도시를 운영하면서 시민 생각에 집중했다. 당연히 행복에 가장 큰 가치를 두고 살 것이다. 어떻게 하면 행복하게 할 수 있을까? 내가 하는 일은 정당하고 정의로운가? 어떻게 해야 시민은 행복해할까? 가장 필요로 하는 것은 무엇일까? 늘 그런 생각으로 출근했다.

현장에 나가면 다양한 질문과 의견, 민원을 듣는다. 답이 보이는 것도 있고, 보이지 않는 것도 있다. 주민들 간의 갈등이 심한 것도 있다. 그럴 때마다 생각한다. 더 현명한 해결책이 무엇일까? 어느 날 아내가 말했다. 세종의 '경청 리더십'으로 일했으면 좋겠다. 경청은 두 가지 효과가 있다. 실제로 잘 듣고 해결하거나 들어주는 것만으로도 인정받는 효과가 있다.

나는 토론회를 참 많이 했다. 그래서 시민들께 칭찬도 받았지만, 토론을 통해 의견을 냈는데 반영이 안 된다고 아쉬워하는 분들의 이야기도 들었다.

취임 첫해에 500인 원탁토론회를 했다. 민선 7기 시정의 방향을 설정하는 데 정말 큰 도움이 되었다. 벌써 네 차례를 추진했다. 해를 거듭하며 토론의 질은 높아지고 시민들의 만족도도 높아졌다. 토론의 결과대로 사업을 결정하고 예산을 세웠다.

나는 민주주의를 신봉한다. 토론의 과정도 민주주의를 실현하는 과정이라고 생각한다. 자신의 권리를 주장하고 의견을 말할 수 있는 사회를 만드는 것이 제일 중요한 가치라고 믿는다. 토론은 설득보다는 의견을 모으는 과정이고 집단지성을 키우는 과정이다. 나는 독재정치 시대에 대학을 다녔다. 힘으로 모든 것을 밀어붙이고, 정보의 독재로 국민을 우습게 알고 국민을 짓밟던 시대에 청년 시절을 보냈다. 많이 저항했고 감옥도 갔다. 그 시절의 나는 절망보다는 분노로 세상을 살았다. 그리고 광명에서 시민운동과 지역운동을 하면서 풀뿌리 민주주의 실현을 위해 노력해 왔다. 시의원, 도의원 시절에는 정책 중심의 의정 활동을 했다.

광명시장에 당선된 뒤에는 정보를 제공하고 시민들이 다양하게 자신의 이해관계에 따라 관심을 두고 참여하게 하는 것이 민주주의라 생각했다. 아울러 시민이 주권자로 살아가도록 돕는 것이 시장으로서 해야 할 첫 번째 일이라고 생각했다. 나는 해를 거듭할수록 시민들의 참여에 놀라움을 금치 못한다. 도시재생과 탄소중립 등 참으로 어렵고 새로운 주제임에도 적극적이다. 그 힘이 어디서 나올까? 경험이 아닐까? 나도 말할 수 있고 내 의견이 정책이 된다는 생각과 믿음, 신뢰가 생긴 것이다.

공자(孔子)의 논어에 나오는 이야기다.

어느 날 공자의 제자 자공(子貢)이 물었다.
"스승님 정치에서 제일 중요한 것이 무엇입니까?"
"정치에서 제일 중요한 것은 민병(民兵), 민식(民食), 민신(民信)이다. 백성을 지키기 위해 군사를 길러야 하고, 백성을 풍요롭게 하려면 식량을 준비하고, 백성에게 신뢰를 얻을 수 있는 정치를 해야 한다."
그러자 제자가 다시 물었다.
"부득이하게 버려야 할 것이 있다면 제일 먼저 무엇을 버려야 합니까?"
"민병이다."
제자 자공은 다시 물었다.
"부득이하게 두 번째로 버려야 한다면 무엇입니까?"
"민식이다. 정치에서 제일 중요한 것은 민신이다, 백성의 신뢰를 얻지 못하면 아무것도 할 수 없다. 백성의 신뢰만 있다면 군대도 먹을 것도 얼마든지 다시 취할 수 있다."

민무신불립(民無信不立)이 바로 시민 중심 사회로 성장 발전하기 위한 가장 중요한 사회적자본이다. 나는 이것이 시정을 이끄는 지방정부의 장에게 가장 중요한 시정 철학이 되어야 한다고 생각한다.

도시를 운영하는 기본 원리는 시민참여 자치분권 도시이고 그 첫 번째가 토론이다. 모여서 이야기하고 방향을 공유하고 함께 가는 것이다. 광명은 엄청난 변화가 일어나고 있다. 3기 신도시 개발, 광명동의 뉴타운 재개발, 철산동의 재건축 및 리모델링, 하안2 공공주택지구, 구름산지구 환지 개발, 광명·시흥 테크노밸리, 광명동굴 주변 문화복합단지 개발 등 도시의 절반이 새롭게 바뀌고 있고 준비하고 있다. KTX광명역과 신안산선, 서울-광명 고속도로 등 교통망이 좋아지면서 수도권 서남부 지역의 대표도시로 급성장하고 있다. 아파트 숲은 늘어나고 도심의 여유 공간은 줄어들고 있다. 도시가 제대로 성장하기 위해서는 여유 공간을 확보하고 그 도시에 사는 시민들이 서로 소통하며 살아갈 수 있는 문화를 만들어야 한다. 그렇게 하려고 나는 시민의 힘을 모으고 있다.

그 출발을 한 지 3년 반이 되었다. 이제 조금씩 보인다고, 시장님의 뜻과 방향을 이제 알겠습니다 하는 시민들이 많아지고 있다. 정말 감사하다.

'여기서부터 광명해요, 광명하다'는 디자인 이미지 만드는 데 2년이 걸렸다. 대충하고 싶지 않았다. 용역회사와 직원들과 시민들과 여러 번 토론하면서 만들어냈다. 이제 도심 곳곳에 하나씩 하나씩 이미지 간판이 걸리고 있다. 나는 서울시보다 살기 좋은 도시를 만들고 싶다. 쉼터, 문화터, 삶터, 일터가 있는 도시를 광명에 만들 것이다.

시민이 만드는 주민자치도시, 탄소중립도시, 사회적경제도시, 마을공동체도시, 평생학습도시, 지속가능도시, 자원순환도시, 경제자립도시, 도시재생도시, 문화도시, 정원도시, 교육협력도시, 교통도시, 상생도시를 만들어 나갈 것이다.

미래 가치를 담은, 시민과 함께하는 대표도시 광명을 만들어 나갈 것이다.

그러한 가치를 담아 일했던 그간의 일들과 앞으로 해야 할 일들을 정리했다. 아직도 부족하고 배가 고프다. 모든 아이디어는 시민에게 있고 그 생각들을 모아 시민의 힘으로 변화된 광명을 따뜻한 경쟁력이 있는 미래도시로 아름답게 만들어가고 싶다.

공공, 공정, 공감의 가치로

'공공, 공정, 공감의 가치로 함께 잘 사는 지속가능 발전도시를 실현합니다.'

광명시의 모든 행정문서의 첫 장에는 시정의 가치를 담은 글이 담겨 있다. 이것을 정의하고 각각에 맞는 정책을 분류하며 공직자들과 논의하는 과정에 많은 시간을 들였다. 어떤 사업이 공공성을 띠고 있고 얼마나 공정하게 추진되고 있는지 시민들과 공감하는 행정을 하고 있는지 점검하며 일정한 방향을 공유하는 것이 필요했다.

우리는 과연 공공성을 위해 일을 하고 있는지, 행정과 정치가 정책 설계 과정에서 공공성을 확보하고 있는지 점검하거나 평가하고 있는지 되물을 일이다. 물론 지방의회가 그것을 확인하고 견제하지만, 행정이 먼저 판단해야 한다. 힘의 논리에 의해 관행적으로 진행되고 있는 것은 없는지, 모두가 누리는 공공 서비스가 이루어지고 있는지 판단하고 정책 설계 과정에서 충분하게 고민해야 한다. 시장이 지시하거나 의회가 제안하거나 관변 단체가 힘으로 밀어붙이는 사업들이 공공성을 띠고 있는지 올바른 시각으로 바라봐야 한다.

취임한 지 얼마 되지 않아 모 단체의 회장들과 간담회를 하였다. 10가지의 사업 제안을 받았다. 기존 사업의 예산 증액과 더불어 신규 사업을 제안서 한 장도 없이 요구했다. 나는 예산 증액 사유와 신규 사업의 필요성을 사업계획서와 함께 제출해달라고 요청했다. 갑자기 얼굴이 붉어지며 서로가 불편한 표정을 지울 수 없었다.

한편으로는 찾아오신 분들께 죄송한 마음이 들었지만 그렇게 할 수밖에 없었다. 옳고 그름을 떠나 우리 사회를 건강하게 만들어가는 과정에서 매우 중요하다고 판단했다. 행정이나 정치, 기업이나 시민사회 모두가 우리 사회의 공공성 확보를 위한 일을 함께하고 그것을 만들고 처리하는 과정이 필요하기 때문이었다.

공정은 우리 사회의 최고의 화두다. 국민이 화가 나 있는 이유는 우리 사회가 과연 공정한가 하는 의문 때문이다. 불평등, 불공정이 우리 사회의 신뢰를 무너뜨리고 있다. 코로나19를 겪으며 더욱 심화하고 있다. 행정의 모든 영역은 시민의 알 권리를 충족시켜 줘야 한다. 공직사회는 오랫동안 관행처럼 정보공개를 두려워한다. 과거 군사독재정권 시절부터 겪었던 두려움 때문인 것 같다. 시대가 변했음에도 여전하다. 과거에는 어떤 정책이든 최종 결정을 할 때까지 함구시키고 결론이 나면 국민에게 홍보하곤 했다. 소수의 정책 결정자들이 결론을 내리고 정보독점을 해 왔다. 지금도 그런 예들은 많다. 나는 회의 때마다 말한다. 시민들에게 공개하고 의견을 청취하라고. 그럴 때마다 "아직 때가 아닙니다"라고 말하는 직원도 있다. 하지만 시민들이 더 많이 알고 있고 앞서가는 것도 훨씬 많다.

공정은 기회고 참여다. 어떤 정책이든 시민이 알고 관심을 갖고 참여하도록 하며 협력하고 정책 결정에 동참하도록 하는 것이 공정사회로 가는 지름길이다. 공정한 사회로 가려면 행정권력, 정치권력, 언론권력, 시민권력이 모두 동등해야 한다. 우리 사회는 이조차도 아직 길이 멀다. 하지만 시민권력이 가장 커질 때 우리 사회는 공정한 사회로 갈 것이다.

공감은 시민권력을 세우는 일이다

집단지성. 시민력이란 용어를 시민들이 자주 쓴다. 시대가 만들어낸 용어이자 시민들이 만들어 낸 용어다. 요즘 가끔 토론 현장에 나가보면 광명의 변화를 그렇게 표현하는 시민들이 있다. 500인 원탁토론회 등을 통해 자주 토론을 하면서 자신이 낸 의견이 받아들여지고, 그것이 전체의 의견으로 결정되고 시의 예산으로 확정되는 것을 보고 기분 좋았다고 말씀하신다. 신기하고 처음 경험하는 일이라며 좋아하신다. 작은 의견일 수도 있다. 그러나 그 힘이 시민의 힘이 되는 것이다. 집단지성을 통해 시민력이 향상되고 있다.

내가 꿈꾸는 도시는 공감을 통해 함께 만드는 도시다. 대규모 개발사업을 통해 도시를 발전시키자는 것이 아니다. 우리가 살아가는 이 도시공동체를 공감을 통해 따듯한 삶의 공동체로 만드는 것이다.

우리는 서로 다른 도시에서 살다가 광명으로 오기도 하고 다른 곳으로 이사를 하기도 한다. 그러나 떠나지 않는 도시, 살기 좋아서, 살고 싶어서 사는 도시가 되도록 만들고 싶다. 꿈같은 이야기지만 사람이 좋아서 사는 도시가 되도록 하고 싶다.

공감 정책은 거버넌스 정책이고 소통 정책이어야 한다. 오로지 정책 중심이어야 힘을 모을 수 있다. 대면과 비대면 사회로, 디지털 대전환 시대로 변하고 있는 만큼 소통과 연대의 시스템도 다양하게 구축해야 한다. 토론을 많이 하는 만큼 결론을 도출하기 위한 시스템도 구체화해야 한다. 그러기 위해서는 더 많은 훈련과 경험이 필요하다. 지속성과 연속성을 가지려면 행정과 시민, 의회 등 모든 영역에서 함께하고자 하는 의지와 경험이 중요하다.

간혹 나에게 정책영역은 소통을 잘하는데 다양한 시민들과의 접촉과 소통이 부족하다고 충언해 주시는 분들이 있다. 충분히 알고 있고, 부족함을 느낀다. 더 노력해야겠다고 늘 생각하지만, 무엇이 더 중요한가를 생각하다 보면 몸이 하나인 것이 안타까울 때가 많다.

공직자들에게 가끔 미안할 때가 있다. 중요한 행사나 일을 마친 뒤 "시장님! OO 주무관이 그 일을 하느라 며칠 동안 밤을 새웠고, 아직도 11시 넘어서 퇴근할 때가 많습니다. 격려 좀 해주세요" 이렇게 말할 때는 참 고맙고 미안한 마음이 들 때가 많다. 이제는 워라밸의 시대가 아닌가. 공직자의 사명감도 중요하지만, 개인의 삶의 질이 떨어질까 걱정도 된다.

공감 정책을 시행하는 공무원들은 힘들다. 서로 다른 의견을 들어야 하고, 새로운 의제마다 늘 민첩하게 대응해야 하기 때문이다.

나는 언젠가 직원 월례 조회에서 이렇게 말했다.
"우리가 쓰는 언어가 서로 다르지 않길 바란다. 시장이 쓰는 언어를 부시장이나 국장, 과장 등 직원들이 함께 썼으면 좋겠다. 도시재생이든 자치분권이든 탄소중립이든 교육협력이든 우리가 결정한 정책을 말할 때는 같은 의미로 말하고, 같은 뜻으로 말했으면 좋겠다. '그 힘든 일을 왜 해?' '그게

되겠어?' 부정적인 메시지가 동료들에게 전달되면 일의 동력이 떨어질 수 있다. 함께 같은 언어를 쓸 때 정책에 힘이 생기지 않겠는가. 그래야 시민들도 함께할 수 있지 않겠는가."

공공, 공정, 공감의 가치와 정책 방향은 어느덧 자리를 잡은 것 같다.

위대한 도시에는 위대한 시민이 있습니다
– 광명시청 개청 40주년 기념사 2021. 7. 2.(월)

오늘은 광명시 개청 40주년 시민의 날입니다.

미래 100년을 내다보고 향후 40년을 설계해야 합니다. 그것이 미래로 가는 길입니다. 탄소중립도시로, 일상의 평화를 꿈꾸는 도시로 나아가야 합니다.

사랑하고 존경하는 광명시민 여러분, 안녕하십니까? 광명시장 박승원입니다.

제40회 광명시민의 날을 진심으로 축하드립니다.

지난 40년 동안 광명시 발전을 위해 한결같이 달려오신 모든 시민 여러분께 30만 시민을 대표하여 깊은 감사의 말씀을 드리게 되어 매우 영광스럽게 생각합니다.

묵묵히 삶의 현장에서 행복을 일구며 오로지 광명 발전을 위해 노력해 오신 시민 여러분! 그리고 코로나19 팬데믹 현상에서 모두 힘을 모아 방역에 협력해 오신 시민 여러분께 감사를 드리며 서로를 위해 축하와 격려의 박수를 부탁드립니다.

우리는 그동안 피와 땀으로 대한민국을 성장시켜 왔듯이 지난 40년 동안 시민의 땀으로 광명을 성장시켜 왔습니다. 40년 전인 1981년 오늘 광명시는 인구 15만 명의 작은 도시로 역사를 시작하였습니다.

안양천과 목감천, 도덕산과 구름산, 가학산과 서독산이라는 천혜의 자연을 갖고 태어난 광명은 조금씩 사람 중심의 도시로 성장해 왔습니다.

1991년 지방자치가 부활하면서 자치의 시대가 열렸고, 1995년 단체장을 시민의 손으로 선출하면서 시민 중심의 지방정부 시대를 본격적으로 열게 되었습니다.

2004년 KTX광명역 개통과 함께 역세권 개발을 시작함으로써 광명은 수도권 서부의 교통중심도시로 비약적인 성장을 이루게 되었고, 2011년 광명동굴 개발은 광명의 새로운 변화를 꿈꾸게 하였습니다.

2021년 오늘, 그렇게 성장을 거듭해 온 광명시는 시 개청 40주년을 맞이하여 새로운 첨단 미래도시로 나아가고 있습니다.

위대한 도시에는 위대한 시민이 있습니다.

광명의 과거와 현재, 미래를 함께 만들고 함께 꿈을 꾸어 오신 위대한 시민 여러분과 지도자 여러분께 다시 한번 축하와 감사의 박수 부탁드립니다.

광명은 더 크게 성장하고 있습니다. KTX광명역세권 개발과 더불어 광명·시흥 테크노밸리, 구름산 지구, 하안2 공공택지지구, 광명문화복합단지, 뉴타운 재개발, 재건축으로 도시의 절반 이상이 새롭게 탈바꿈할 준비를 하고 있습니다.

더불어 광명·시흥 3기 신도시는 글로벌 국제도시로 성장할 수 있는 기회가 되었습니다. 더 큰 광명은 지금과 다른 도시가 될 것입니다. 우리에게 놓인 과제는 실로 엄청 크고 중대합니다. 단순한 도시개발이 아니라 사람이 중심이 되고, 누구나 행복을 누릴 수 있는 위대한 도시를 만들어야 합니다.

자연이 살아 숨 쉬고, 공동체가 살아 움직이고, 누구나 즐거운 일자리가 있는 도시를 만들어야 합니다. 그러기 위해서는 우리가 모두 하나여야 합니다.

앞으로 펼쳐질 새로운 미래도시를 위해 우리는 멀리 바라봐야 합니다. 100년을 바라보고 꿈을 설계해야 합니다. 이제 그 일을 위해 더욱더 시민 중심의 도시로 나아가야 합니다. 시민 한 분 한 분이 주인이 되고 주체가 되어 시민 모두가 잘사는 지속 가능 도시를 만들어야 합니다.

30만 시민 여러분 모두가 주인이 되어 지속가능한 도시, 광명을 만들어 갈 것을 믿어 의심치 않습니다. 존경하고 사랑하는 광명시민 여러분, 민선 7기 광명시는 지난 3년 동안 시민과 함께 일하는 대표도시 광명을 만들기 위해 쉼 없이 달려왔습니다.

공공, 공정, 공감의 가치로 함께 잘 사는 지속 가능한 발전 도시 실현을 위해 노력해 왔습니다.

시민참여 자치분권 도시는 광명의 자랑이 되었습니다. 참여는 상식이 되었고, 시민의 참여가 정책이 되고, 동네를 바꿔 가고 있습니다.

주민자치위원회는 주민자치회로 전환하여 마을의 의제를 만들고 있습니다. 500인 원탁토론회를 기점으로 토론은 일상이 되었고, 시민의 만족도는 높아지고 있습니다. 주민참여예산위원회, 청년위원회, 노인위원회,

여성친화위원회, 일자리위원회 등 각종 위원회는 평범한 시민이 참여하여 시정을 평가하고 제안하고 있습니다.

도시는 시민을 위한 공간으로 탈바꿈하고 있습니다. 안양천은 머물고 싶은 시민공원으로 조성되고, 국가 정원을 꿈꾸고 있습니다. 새로 들어서는 동 행정복지센터와 도서관 등 공공청사는 시민들의 공유 공간으로 공감을 나누는 복합시설로 바뀌고 있습니다.

시민의 보행 환경을 위해 광명사거리와 철산역 등 노점상이 정비되고, 걷기 좋은 도시로 거리 비우기가 시작되고 있습니다. 고질적인 주차난 해결을 위해 시민운동장과 광명동초등학교 복합시설에 지하 주차장을 조성하고 있고, 광명 전통시장에도 공영주차장을 추가 조성하게 되었습니다. 광명시는 일자리가 있는 경제도시로 완전히 바뀔 것입니다.

74만 평 규모의 광명 시흥 테크노밸리는 광명의 경제지도를 바꾸게 될 것입니다. 첨단산업단지, 일반산업단지, 유통단지, 공공주택지구는 직주근접할 수 있어 판교보다 나은 경제도시입니다. 광명문화복합단지와 하안2 공공택지지구도 자족 시설을 확보하여 민간 일자리를 창출하고 문화와 관광, 쾌적한 주거 공간이 마련될 것입니다.

골목 경제를 지키고 사회적 경제를 키우는 일도 함께 성장할 것입니다.

돌봄과 교육은 더 큰 가치로 성장시켜 나갈 것입니다. 아동과 노인의 돌봄은 신성장 복지사회로 가는 길입니다. 팬데믹 사회에서는 더욱더 중요합니다. 보편적 기본서비스 정책을 확대하여 누구나 누리는 복지사회를 만드는 데 광명은 앞장설 것입니다. 아동 돌봄센터는 더욱 확대되고, 노인의 무상교통 및 여가, 건강지원 정책도 늘어날 것입니다.

지난 40년, 시민과 함께 이뤄낸 눈부신 성장은 광명시의 자랑스러운 역사입니다. 그러나 대규모 개발을 앞둔 광명은 더욱 두렵고 긴장됩니다. 기후 위기 때문입니다.

광명은 미래의 과제 앞에 숙연해질 수밖에 없습니다. 이제 우리는 새로운 사회를 위해 대전환을 해야 합니다. 대전환의 시작은 탄소중립입니다.

광명시는 민선 7기에 들어서서 기후에너지과와 기후에너지센터를 설립하고 넷제로카페와 시민이 주체로 운영하는 햇빛발전소를 설치해 기후위기 극복을 위한 노력에 앞장서 왔습니다. 많은 시민께서도 에너지컨설

턴트, 1.5℃ 기후의병대, 광명 RE100 시민클럽으로 활동하며 탄소중립에 동참하고 있습니다.

그 결과 광명시는 탄소중립 실천 부문에서 대통령 표창을 수상하며 탄소중립 선도도시로 주목받고 있습니다. 대한민국에서 가장 앞장서는 더 적극적인 실천으로 탄소중립을 선도해 나가기 위해서는 공직자를 비롯하여 지역사회 지도자와 모든 시민사회가 생각을 바꾸어 가야 합니다.

3기 광명시흥신도시를 비롯한 도시개발지구는 첨단 미래신도시에 걸맞은 친환경 스마트도시로 만들어져야 합니다. 빅데이터를 활용한 자원순환시스템을 갖추고, 스마트 녹색도시로 설계하여 탄소중립도시 건설을 위한 모든 가치를 총동원해야 합니다. 그 길만이 질 높은 일자리가 있는 품격 있는 복지도시로 갈 수 있습니다.

세계로 나아가는 평화공존의 도시로 미래를 준비하겠습니다.
KTX광명역은 그 출발점입니다. 광명역은 평화 고속철도로서 통일을 열고 광명시민은 세계시민으로 성장하는 계기가 될 것입니다. 우리의 후손을 위해 한반도를 넘어 유럽까지 뻗어나가는 미래의 문을 열어야 합니다.

광명시가 남북교류 협력사업을 추진하고, 평화공감주간을 선포하며 행사를 추진하고, 동굴 주변에 평화공원을 조성하려 하는 것은 그 시작을 알리려 하는 것입니다.

끊임없는 평생학습 사회를 만들어 일등 시민이 되도록 하겠습니다.
세상은 크게 변화하고 있습니다. 4차 산업혁명 시대에 적응하고 세대를 아울러 소통할 수 있는 능력은 끊임없는 학습을 통해서만 가능합니다. 보편적 평생학습권 보장을 위한 평생학습 장학금 사업을 추진하여 위대한 시민이 되도록 하겠습니다.

광명의 진정한 주인은 바로 여러분들입니다. 지난 40년 동안 광명을 발전시켜 오셨습니다.
앞으로의 40년은 지속가능한 발전이어야 합니다. 오늘 시민의날 40주년을 맞이하여 다시 한번 단결하고 화합합시다. 그리하여 모두 함께 잘 사는 지속가능한 발전도시 광명을 만들어갑시다.

광명시 공직자는 오로지 광명시민의 행복과 광명의 새로운 미래 40년을 위해 시민과 함께 일하는 대표도시 광명을 만들어 가겠습니다.

마지막으로 코로나19 방역을 위해 애쓴 모든 분께 다시 한번 머리 숙여 감사드립니다.

하루도 빠지지 않고 방역 봉사를 하신 시민들, 불편을 감수하며 마스크 쓰기 생활을 실천하신 시민들, 시민의 건강을 지키며 자영업을 운영해 오신 시민들, 방역복을 입고 뙤약볕에도 코로나 검사를 해주신 의료진들과 공직자 여러분, 긴 시간 눈물을 훔치기도 하고, 말없이 병원 진료 받아가며 묵묵히 일해 오신 분들, 모두 위대한 시민이십니다.

진심으로 감사합니다. 끝까지 경청해 주셔서 고맙습니다.

c o n t e n t s

추천사

더불어민주당 광명시 갑 국회의원 임오경 • 06

더불어민주당 광명시 을 국회의원 양기대 • 08

전 광명시장, 전 광명 갑 국회의원 백재현 • 10

들어가는 말

출발 • 12

공공, 공감, 공정의 가치로 • 17

위대한 도시는 위대한 시민이 있습니다.(40주년 연설문) • 23

1장 늘, 사람이 희망이다

늘 사람이 희망이다 – 코로나19 3년의 기록 • 40

바이러스의 역습과 우리사회의 변화(대담) • 55

"변화의 시대, 어떻게 살것인가 – 코로나19 이후, 일상으로의 대전환을 생각하며 • 79

2장 광명의 지도가 바뀌고 있습니다

광명의 지도가 바뀌고 있습니다 • 90

광명 3기 신도시 그리고 변화 • 93

개발과 보존의 이분법을 넘어선 광명시의 도시재생 • 102

3장. 사람, 공간, 가치

시민이 주인인 도시 광명 – 주민자치의 시대를 열다, 시민참여 자치분권도시 • 120

우리 삶을 바꾸는 자치분권 시대를 만들자 – 자치분권 도시 • 128

'시민의 한 사람으로 존경받고 있는 것 같아 기뻐요.' – 시민참여 자치분권 도시 • 136

지속가능발전도시를 위한 민선 7기의 도전 – 지속가능도시 • 145

미래세대에게 기후위기 없는 쾌적한 광명을 물려주자 – 탄소중립 선도 도시 • 155

주권자가 똑똑해야 나라가 편하다 – 평생학습도시 광명 • 168

일상에서 누리는 생활문화시대를 열자 – 시민이 만들어가는 문화도시 광명 • 180

사는 곳이 바로 휴식공간이 된다 – 정원문화도시 • 186

자족도시로 도약하는 광명시 – 경제도시 • 193

광명시 사회적경제의 꽃이 피어납니다 – 사회적 경제 도시 • 203

'혼자만 잘 살믄 무슨 재민겨' – 함께 잘사는 복지도시 광명 • 209

KTX 타고 평양으로 소풍가는 날을 꿈꾼다 – 평화도시 • 220

청년이 광명의 미래다 – 청년들이 직접 만드는 「청년 공감 정책」 • 224

사통팔달 안전하고 편리한 교통환경 – 교통도시 광명 • 232

퇴근길이 힐링의 공간이 된다 – 도시 비우기 • 235

당신은 태어날 때부터 자유롭고 존엄합니다 – 인권도시 광명의 미래 • 238

4장 함께 가는 길 박승원 시장의 말과 글 모음

이 도시의 미래를 함께 책임질 청년들을 많이 만들어갈 것 – 광명시 청년정책 토론회 • 250

끊임없이 토론해나가면 그것이 지역사회를 바꾸는 힘이 된다
– 시민과 함께하는 청년 토론회 • 253

자치분권은 민주주의의 하나의 과정 – 광명시 자치분권 네트워크 간담회 • 256

주민자치회 전환의 가장 큰 의미는 그 안에서 모든 의사 결정을 할 수 있다는 것
– 자치분권대학 수료식 및 간담회 • 258

자원봉사란 우리 스스로 지역사회를 변화시키는 주체가 되는 활동
– 희망 나눔 행복 광명 '자원 봉사 리더 양성' 특강 • 261

자랑스러운 우리의 지난 100년은 수많은 평범한 영웅들이 만들어 낸 것
– 광명시 3.1운동·대한민국 임시정부 수립 100주년 기념행사 • 264

남북협력기금을 모아 평화통일 준비할 것 – 남북정상회담 1주년 기념 라이브 토크쇼 • 268

새로운 100년은 평화를 위한 역사여야 합니다 – 제64주년 현충일 추념식 • 272

공공일자리는 또 하나의 복지 – 일자리 위원회 위촉식 • 276

예산의 쓰임엔 공공성이 있어야 – 주민참여 예산위원회 종합 설명회 • 279

늘 희망을 만들어가는 청년이 되었으면 – 대학생 아르바이트 오리엔테이션 • 282

철학이 담긴 교육도시 광명을 지향합니다
– 청소년 정책협력사업 초·중·고 학교장 간담회 • 284

5장 기고문 신문에 기고한 글 모음

평화의 시대를 맞는 우리의 자세 – 경기신문 • 290

지방정부, 일자리 힘 모아야 할 이유 – 경인일보 • 293

즐겁게 배우고 신나게 나누자 – 중부일보 • 296

공감의 1년, 공공성 강화의 시작 – 중부일보 • 300

함께 잘 사는 광명, 사회적경제로부터 – 중부일보 • 303

지방자치단체의 코로나 선제적 대응 – 경기일보 • 307

공정한 배움의 기회, '광명시 평생학습장학금' – 경향신문 • 311

에필로그 – 함께 길을 내자 • 314

1장

늘 사람이 희망이다

늘 사람이 희망이다 – 코로나19 3년의 기록
바이러스의 역습과 우리 사회의 변화
변화의 시대, 어떻게 살 것인가? – 코로나19 이후 일상으로의 대전환을 위하여

———

코로나의 완전 종식까지는 아직도 가야 할 길이 많이 남아 있습니다.

시민과 함께하는 방역, 시민과 같이 가는 방역을 추진할 것입니다.

희망이 있다면 현재의 시련도 넘어 설 수 있습니다.
이 모든 과정에 광명 시민의 의견을 수렴하여
지금처럼 흔들리지 않고 나가고자 합니다.

늘 사람이 희망이고 그 자리에 광명시민 여러분이
함께 계셔서 감사드립니다.

늘 사람이 희망이다

작년 설날 연휴에 집에서 휴식을 취하고 있을 때, 뉴스를 통해 국내 코로나19 확진자가 발생했다는 소식을 처음 접했다. 그 순간 기억이 너무 생생하다.

과거 메르스 사태를 겪어 본 터라 코로나19도 이와 비슷한 감염병으로 생각했다. 설날을 보내고 출근하자마자 코로나19 대책 회의를 열었다. 그 자리에 참석한 보건소장이 코로나19는 메르스처럼 호흡기 전파라는 유사성이 있지만, 전염성이 상대적으로 높아 우려된다고 보고했다. 광명에서 메르스보다 강화된 형태의 방역 조치가 필요하다는 결론을 내고 바로 조치에 들어갔다.

해마다 설날 연휴가 지나면 시민과의 대화 행사를 해왔다. 동별로 시민들을 모시고 새해의 시정에 대한 철학이나 정책을 말씀드리고 의견을 듣는다. 자치단체장으로서 새해를 맞이하며 시민과 소통하는 자리는 아주 중요한 행사지만, 코로나19라는 미증유의 사태에 대비하기 위해 취소 결정을 내렸다. 광명시의 코로나19 대비 첫 번째 대책이었다. 이어서 코로나19 대응 업무를 효과적으로 집행하기 위해 재난안전대책본부를 꾸리고 1월 26일에는 철산역에서 방역 활동을 시작하였다.

2월 4일에는 시민들과 함께 감염증 대응 상황을 공유하고 더욱 완벽한 방역 대책을 추진하기 위해 자치, 안전, 문화, 체육, 복지, 위생, 환경 등 시민사회단체가 참여하는 범시민 안전대책본부를 구성하였다. 여기에 참여한 단체와 시민들은 매주 금요일마다 방역의날 행사를 통해 철산역 상업지구나 전통시장에서 마스크를 나눠주고 다중 이용시설이나 골목을 소독하는 등 방역 자원봉사에 지속해서 참여해 주엇다. 이런 시민들의 자발적 참여로 광명시가 움직인다는 느낌을 받았다. 나는 지금도 이분들을 K-방역 의병이라 부른다.

코로나19가 점차 국내에서 확산하는 상태에서도 광명은 비교적 양호한 상태에 있었다. 그러나 양천, 금천, 구로, 부천, 시흥, 안양 등 인근 지역에서 확진자가 발생할 때마다 피가 마르는 느낌이었다. 광명시는 지리적으로 이런 지역에 둘러싸여 있어 긴장된 상태로 예의주시하고 있었다.

2020년 2월에 최초 확진자가 발생한 뒤 3월에는 점차 확진자 수가 증가하더니 8월에 이르러 갑자기 늘어나는 모양새를 보였다. 광화문 집회의 여파가 컸다. 광명의 확진자들은 주로 서울에서 감염되어 7호선과 1호선이 지나는 교통의 요지라는 특성을 타고 전파되었다. 초반에는 확진자 가족끼리 감염되는 비율이 높아 사회적 거리두기나 마스크 착용 준수 등 광명시민의 높은 질서의식이 느껴졌다. 중앙대 역학조사팀도 경기도 32개 시군 중에서 가장 높은 마스크 착용률을 보였다는 비슷한 연구 결과를 냈다.

이런 높은 시민의식에도 불구하고 확진자 수가 늘어나면서 나뿐만 아니라 공무원 사회에도 비상이 걸렸다. 매일 오후 5시에 코로나 대책회의를 열었다. 확진자가 많이 나오면 오전과 오후 두 번 회의를 열었다. 매일 8시 반에 중대본 회의를 열었고 오후 5시에는 별도의 대책회의를 열었다. 토요일과 일요일에도 오후 3시에 실·국장들과 재난대책본부회의를 열어 상황을 점검했다. 시민에 대한 봉사자답게 휴일도 반납하고 열심히 따라와 준 우리 직원들이 자랑스럽다.

방역 일선에 선 보건소 직원들의 고생은 이루 말할 수 없었다. 지금도 그렇지만 휴식 없는 강행군의 나날이었다. 이제 공개하는 이야기지만. 작년 12월 보건소 팀장이 선별진료소 텐트 안에서 수습 공무원 한 명이 혼자 울고 있는 모습을 지켜보며 가슴이 아팠다는 글을 나에게 보내왔다. 공무원이라는 어깨에 얹힌 무게감 뒤로 난생처음 겪는 방역업무가 얼마나 두려웠을까, 얼마나 힘들었을까 하는 생각이 들어 가슴이 먹먹했다.

갈수록 보건소 직원들의 피로도가 누적되었다. 연휴 때 직접 나가서 방역 봉사를 해주면 조금이나마 위로나 격려가 되지 않을까 싶은 마음으로 올 설날 연휴에 시민운동장 임시 선별진료소에 나가 방역 봉사를 했다. 막상 나가보니 방호복 입고 종일 서 있기가 쉽지 않았다. 방호복도 아무렇게 입는 게 아니고 감염에 대비하여 하나씩 챙겨입어야 해서 불편했다. 4시간 동안 400명가량 검사를 했다. 이렇게 힘든 일정을 매일매일 소화해 낸 보건소 직원들에게 감사의 말씀을 드린다.

시장으로서 보건소의 업무 부하를 일정 정도 감소시키기 위해 역학 추적 조사팀을 새롭게 구성하면서 각 부서에서 제일 일을 잘하는 일반직군의 공무원들을 뽑아 보내도록 인사팀에 지시했다. 기아자동차에서 확진자가 발생하였을 당시, 추적조사팀에 파견된 공무원 한 분이 약 2,000명에 해당하는 대상자를 이틀 밤에 걸쳐 정리하는 것을 보고 보건소장도 놀라셨다고 한다.

첫 번째 확진자가 퇴원할 때 보건소장이 환자를 만날 의향이 있는지 전화를 걸어왔다. 본인이 원하면 축하의 인사를 드릴 겸 만나고 싶다는 말씀을 전했다. 그분이 흔쾌히 동의를 해주셨다는 말씀을 듣고 보건소로 달려갔다.

확진자와 짧지만 긴 대화를 나눴다. 30대 후반의 학부모였다. 병원에 있으면서 느꼈던 생각을 차분하게 말씀하셨다. 확진자가 될 줄 몰랐다는 말씀과 시민들에 죄송하다는 마음, 불편하게 해 죄송스럽고 한편으로는 인터넷에 올라온 여러 가지 댓글 때문에 많이 힘들었다고 했다. 본인이 원해서 확진이 된 것도 아닌 터라 그런 댓글들이 고통스러웠지만, 시간이 지나니까 응원해주는 시민이 많아졌다고 했다. 가족과 떨어질 수밖에 없는 상황이 고통스럽고 응원하는 시민들이 있어서 감사한 마음이 들었다고 말씀하시며 눈물을 흘렸다. 보건소장도 같이 울었다. 나도 눈물이 났지만 애써 참았다. 이런 분들의 눈물을 닦아 주어야 한다고 생각했다. 그리고 확진자에 대한 동선 관리를 다른 지자체와는 다르게 해야겠다는 방안을 찾았다. 그 결과 광명시는 확진자 동선 발표에 개인 정보가 누출되지 않도록 노력했다.

정책이나 예산도 코로나19 대책에 최우선을 두었다. 중앙대 이원영 교수를 통해 간부 중심의 특강도 실시했다. 정책을 집행하는 공무원의 인식 변화와 공유가 필요했다. 이 교수는 큰 도움이 되었다. 여러 가지 조언도 받을 수 있었다.

2019년 12월 시작된 코로나 유행이 2년이 넘었다. 코로나 광풍이 어느 정도 가라앉은 듯하다가 새로운 변이종 오미크론의 발생으로 연말연시가 어수선하다. 코로나19로 인해 희생과 고통을 치른 확진자와 가족들, 직장을 잃거나 사업의 어려움을 겪고 있는 소상공인들, 일상생활의 정지로 고통받고 있는 어르신들, 아동과 장애인 및 가족들께 먼저 위로와 격려의 말씀을 올린다. 빠른 치유를 기원하며 모든 부분에서 조속히 일상으로 돌아갈 수 있도록 최선을 다하고 있다고 말씀드린다.

광명시는 코로나 대응과 관련하여 여러 방면에서 노력을 기울여왔다. 시민들을 코로나로부터 보호하는 것이 우선이었기 때문에 보건 방역에 시의 역량을 집중하였다. 시민들이 언제든지 집 가까운 데서 무료로 검사 받을 수 있도록 선별검사소들을 설치하고, 확진자가 많이 나오더라도 확진자들을 조기 발견하고 접촉자들을 신속하게 추적하여 관리할 수 있도록 보건소에 시 자체 역학조사관 선발 배치 및 인력 확충과 더불어 감염병관리과를 신설 운영했다.

시민의 삶을 지키는 것은 시민의 생명을 지키는 것 못지않은 중차대한 과제였다. 우리 시는 무너진 경제와 꺼져가는 민생을 살리고 시민들의

심리적 치유를 위해 총력적인 대응을 하였다. 재난지원금 우선 지원, 사각지대 없는 소상공인 금융 등 지원사업, 전통시장 활성화를 위한 스마트앱 개발 및 운영, 심리치료를 위한 코로나19 심리방역지원단 구성과 안양천 방역 쉼터 조성을 추진하였다. 또한 경로당, 복지관, 학교에 갈 수 없는 어르신, 장애인, 아동들을 위하여 비대면 서비스를 개발하여 운영하였으며, 아동들의 경우는 긴급돌봄서비스를 대폭 강화하였다.

처음에는 코로나 대응과 관련하여 중앙정부 지침도 자주 바뀌고 시민들의 삶 모든 분야에 영향을 미쳐 대응책을 고민했다. 답은 역시 시민들에게 있었다. 방역지침을 준수해 가면서 코로나 방역 피해업종에 종사한 분들, 학부모들, 장애인 가족들, 어르신들, 코로나 환자 발생 때부터 지금까지 하루도 빠짐없이 광명시 민간이나 공공시설을 소독하시는 자원봉사자들을 만났다. 코로나 대응에 성공하기 위해서는 모든 시민의 자발적이며 적극적인 참여가 필요하였다. 시민과 함께하는 방역이 우리 시 방역의 핵심 기조가 되었다.

특히 코로나19와의 힘겨운 싸움에서 보여준 시민들의 자발적 방역 참여는 지난 2년 동안 광명시가 n차 감염의 집단 발병이 상대적으로 다른 지자체보다 적고 확진자 대비 사망률이 적은 원동력이 되었다. 진정한 영웅은 존경하는 광명시민이라는 확신을 다시 한번 가슴에 새기게 되었다.

6월에는 코로나19 발생부터 약 1년간의 대응 과정을 담은 〈시민과 함께한 광명시 코로나19 방역 365일의 기록〉이라는 책자를 제작하여 보급하였다. 다양한 분야에서 헌신한 분들과 피해를 경험하신 분들의 인터뷰 등 방역 과정을 솔직하게 담은 백서다. 향후 발생할지도 모르는 비슷한 상황에 적극 대응하자는 게 발간 목표다.

2022년 1월이 되었지만, 아직도 코로나19는 진행 중이다. 점차 일상 회복으로 다가서는 시점에서, 코로나19 대응 과정에서 발생한 문제를 정리해보았다.

첫 번째로, 신속한 보건 방역은 충분한 인력과 전문적인 전담 조직, 공직사회의 유연하고 탄력적인 인력 전환 배치가 필요하다. 광명시 보건 방역의 핵심 목표는 코로나19 환자의 집단 발병 및 지역사회 유행을 최대한 차단하는 것이다. 시 자체 역학조사관도 없었고, 보건소 역학조사에 충분한 인력이 충원되지 못해 코로나19 유행 초반에는 확진자 조기 발견과 밀접접촉자 관리에 어려움이 많았다. 점차 재난 대응이 체계를 갖춰지면서 보건소에 전염병 관리과가 신설되고 시 자체 역학조사관도 확보했다. 시청 다른 부서에서 인력이 파견되어 초기에 5명이었던 역학조사 팀이 20명으로 확대됨에 따라 신속하게 환자 발견 및 밀접접촉자 관리가 이루어졌다. 그러나 재작년 12월처럼 환자가 너무 많이 발생하면 이 정도의 인력으로도 어려움을 겪을 수 있다. 따라서 유연하고 탄력적인 인력의 전환 배치가 필요하다.

두 번째로, 실효성 있는 지자체 경제 방역은 공직사회의 적극적이고 함께하고자 하는 행정 정신을 요구한다. 일부 피시방, 노래방과 같은 고위험 업종 종사자들은 시의 방역 지도과정에 대한 불만이 많았다. 사회적 거리두기가 강화되면 해당 업종이 지켜야 할 방역지침도 달라지는데, 이들은 시의적절한 지침에 대한 설명을 들은 적이 없으며 방역 점검차 현장에 오더라도 의견 수렴보다 지도 단속에 중심을 두었다고 말한다. 우리가 지양해야 할 지적이었다.

소상공인을 위한 영업 보증 특례사업의 경우 대상 기준이나 대출을 위한 준비서류, 절차가 복잡하여 중도에 포기하는 경우도 있다. 피해업종 소상공인의 목소리에 적극 귀 기울이고 해법을 같이 찾는, 함께하는 행정 마인드가 절실한 이유다.

중앙정부 차원의 재정지원에 시간이 너무 오래 걸렸다. 소상공인의 처지에서는 같은 10만 원이라도 폐업하기 전과 폐업 후의 가치가 매우 다르기 때문에 조기에 신속한 지원이 필요했다. 또한 재정지원이 결정되면 조기에 신속하게 집행하는 등 적극적 행정이 필요했다.

세 번째로, 코로나19 재난 대응에서 어린이, 장애인, 노인 등 취약계층에 대한 복지방역은 공직사회뿐만 아니라 지역사회 전체의 관심과 지지가 필요하다.

노인종합복지관이 코로나19 유행으로 문을 닫자 평소 복지관을 이용하던 노인들의 상당수가 사회와 단절을 경험하였다. 복지관에서는 스마트폰을 이용한 비대면 서비스를 제공하였지만, 스마트폰에 익숙하지 못한 데다 데이터 이용료 부담 등으로 이용률이 저조하였다. 또한 장애인복지관이 문을 닫자 발달장애인들이 갈 데가 없어 집에 있다 보니 동거하는 가족들이 일을 나가지 못하고 돌보아야 하는 상황이 되었다.

장애인복지관 차원에서 집까지 찾아가 도움을 주었지만 역부족이었다. 노인들에게는 스마트폰 교육이나 데이터 이용료 지원이 필요하고, 발달장애인의 경우 많은 활동보조인력이 필요하다. 이는 공직사회만으로 어렵고 광명시민 모두의 도움과 지지가 있을 때 가능하다.

아직 코로나19는 완전히 종식되지 않고 현재 진행형이다. 새로운 변이종의 등장으로 긴장감이 여전하지만 정부와 광명시는 일상 회복을 준비하고 있다. '위드 코로나'는 말 그대로 사람과 코로나 바이러스가 함께 살아가는 상태를 말한다. 확진자 수를 관리하기보다 중증 등으로 입원하더라도 치료받을 수 있는 대응체계에 중점을 두는 쪽으로 방향이 바뀐다. 앞으로는 치명률이나 중증 발생률 등이 감염 유행의 판단에서 더 중요한 지표라고 보게 될 것이다. 이에 따른 방역 정책의 판단 기준 변경도 필요하다.

아직 종식되지 않은 코로나19에 어떻게 대처할 것인지, 앞으로 추진 방향과 대책을 세워 지속적으로 추진해야 한다.

무엇보다도 코로나19 재난 대응에 있어 시민들의 적극적이고 지속적인 참여가 필요하다. 2020~2021년 광명시민들의 마스크 착용, 사회적 거리두기 실천율은 전국 지자체 중에서 최상위 수준이었다. 광명시 민간봉사단체, 의사회, 약사회 등 많은 민간단체가 재난 대응에 자발적으로 참여하고 있다. 광명시 생명사랑단은 보건소에 소속된 봉사단체로 약 120명의 단원과 함께 자살 예방 운동, 독거노인 케어 활동, 코로나 예방을 위한 가가호호 소독 방역 활동 등을 하고 있다.

이러한 노력에도 불구하고 복지 사각지대는 여전히 있을 수 있다. 모든 광명시민이 취약계층 돌봄, 보건 방역, 문화행사, 교육, 이동(교통) 등 모든 분야에서 적극적으로 참여할 수 있도록 광명시가 촉진자 역할을 해야 한다.

두 번째로 공직사회의 사기진작과 국민의 요구가 없어도 스스로 알아서 서비스를 제공하고 국민의 마음을 보살피며 소통하는 적극 행정을 추진해 나갈 것이다.

광명시 보건소 직원 한 사람당 초과 근무시간은 코로나 사태 전에는 한 달에 20시간이었는데 코로나 이후에는 네 배 가까운 80시간에 달한다. 광명시 공무원들의 스트레스 인지율은 63.3%, 우울감 경험률은 28.2%로 일반인보다 2~3배 높은 수준이다. 코로나 재난 대응이 장기화하면서 공직사회는 점차 피로해지고 정신건강에 적신호가 켜진 상태다. 시 차원에서 공무원들의 심리 상담 서비스를 강화하고 근무환경을 개선할 수 있는 근무제도 모색, 사기를 진작할 수 있는 다양한 인센티브 정책을 추진해 나갈 것이다. 한편 광명시 공무원들은 정신적으로나 육체적으로 힘들지만, 코로나 재난에 대응하면서 "시민에 대한 상당한 책임을 느낀다" "시민을 위한 봉사는 공무원의 의무다"라는 인식이 코로나 이전보다 더 늘었다고 응답하였다. 그만큼 시민에 대한 책임감은 더 커졌다. 시장으로서 이런 모습은 고무적이지만 아직도 갈 길이 남아 있어 시청 소속 공무원들에게 미안한 마음뿐이다.

OECD 경제개발 협력기구는 코로나 대응 공무원에 대한 권고사항으로

원격근무, 비대면 공공서비스 확대 등을 권한다. 아울러 새로운 기술과 도구 사용에 적극적이어야 하며 독점적이고 권위적이기보다 시민들과 상호 신뢰를 바탕으로 적극적인 참여와 협력을 끌어내야 한다고 역할 강화를 권고하고 있다. 광명시에도 이를 적용하고 있다.

코로나19 대유행은 우리 인류가 한 번도 겪어보지 못한 것이며, 국민의 건강뿐만 아니라 경제, 교육, 문화 등 모든 삶에 영향을 미치고 있다. 따라서 코로나 재난 대응은 공무원의 적극적이고 창의적인 행정을 요구하고 있다. 이번 코로나 방역 대응 과정에서 광명시 보건소의 한 방역 담당자는 지침에는 없지만 코로나19 확진자에게 퇴원 후에도 안부 전화를 정기적으로 하였고 이 한 통의 전화가 자살을 예방할 수 있었다. 국민의 요구가 없어도 스스로 알아서 서비스를 제공하고 국민의 마음을 보살피며 소통하는 적극적 행정 마인드가 확산하여야 한다.

마지막으로, 보건방역 – 사회복지방역 – 복지방역의 선순환 구조를 만들어야 한다. 코로나19 대유행이 장기화하면서 사회경제적으로 취약계층이 발생하고 기존의 어린이, 노인, 장애인 취약계층에 대한 돌봄 서비스 요구는 폭발적으로 늘어나고 있다.

노래방, 피시방, 실내 스포츠시설은 벼랑 끝으로 내몰리고 있으며, 복지관을 이용하지 못하는 장애인이나 노인에 대한 돌봄 부담이 가족으로 전가되어 가족 전체의 경제적 삶에도 영향을 미치고 있다. 사회경제방역과 복지방역이 실패하면 이와 관련한 계층과 집단은 정부 방역지침에 따르지 않을 수도 있다. 이 경우 보건방역도 실패할 수 있다. 역으로 보건방역이 강화된다면 경제방역과 복지방역이 성공할 수 있다.

정부가 추진하는 3차 접종이 조기에 이루어지면 그만큼 일상생활 복귀가 앞당겨져 경제가 회복되고 사회복지서비스가 재강화될 수 있을 것이다.

우리 시는 비록 재정 여건이 어렵지만 코로나 대유행으로 경제와 복지 부문에서 피해가 크신 분들이 다시 일상으로 돌아올 수 있도록 경제와 민생에 총력을 다하고 있다. 이 모든 과정이 시민 여러분의 도움이 없으면 이루어질 수 없다는 것을 잘 알고 있다. 앞으로도 광명시민들의 협조가 절실한 까닭이다.

현재 백신 접종만이 유행을 종식할 수 있는 유일한 길이다. 우리 시민 모

두 백신 접종에 동참해 주시길 부탁드리며, 마스크 쓰기와 사회적 거리두기 수칙 역시 유행이 종식될 때까지 잘 지켜주시길 부탁드린다.

코로나의 완전 종식까지는 아직도 가야 할 길이 많이 남아 있다. 오미크론 변이종의 등장과 함께 '위드 코로나' 시대가 우리에게 어떤 영향을 미칠지에 관한 연구도 아직 남아 있다. 시민과 함께하는 방역, 시민과 같이 가는 방역을 앞으로도 추진해 나갈 것이다.

희망이 있다면 현재의 시련도 넘어설 수 있다. 이 모든 과정에 광명시민 모두의 의견을 수렴하여 지금처럼 흔들리지 않고 나가고자 한다.

늘 사람이 희망이고 그 자리에 광명시민 여러분이 함께 계셔서 감사한다.

바이러스의 역습과
우리 사회의 변화

이 글은 2021년 4월과 12월 어느 날, 광명시 코로나19 백서를 제작한 중앙대학교 의과대학 이원영 교수와 일선에서 코로나와 싸우고 있는 이현숙 광명 보건소장과 함께 코로나19 사태에 대한 중간 평가와 방역 상황을 주제로 진행했던 간담회의 내용이다.

박승원 시장 : 교수님, 소장님 귀중한 시간 내 주셔서 감사합니다.

〈총·균·쇠〉라는 책에서 재러드 다이아몬드는 세균과 바이러스를 총, 금속과 함께 인류 역사를 뒤바꾼 세 가지 요인 중 하나로 꼽았습니다. 지금의 코로나 유행이 인류사를 바꾸게 될 거라는 것을 누구나 예상하고, 또 실감하고 있습니다. 코로나19로 인한 이런 인류사적 격변이 우리 일상에 어떻게 나타나고 있는지, 우리의 미래가 어떻게 변할지 예측하면서 광명시가 앞으로 나아갈 '길'을 찾아보고자 합니다.

이원영 교수 : 대담에 관한 질문을 받아 보고, 매우 무거운 주제지만 함께 고민해야 할 내용이기도 해서 오히려 잘됐다고 생각했습니다.

박승원 시장 : 교수님께서 저번에 공무원들을 대상으로 코로나 관련 강의를 하셨을 때 가장 기억에 남았던 말씀이 "이 상황에 대해 적극적으로 준비했으면 좋겠다. 더 긴장감을 느끼고 방역체계를 내부적으로 정리하는 기회가 되었으면 좋겠다" 하는 것이었습니다. 그래서 긴장감을 느끼고 적극적으로 대처하는 기회가 되었습니다. 감사드립니다.

그런데, 이게 작년에 끝날 줄 알았는데 안 끝났고, 소장님께 여쭤봤더니 올해에도 안 끝날 수 있을 거라고 하십니다. 일반적으로 백신 개발은 최소 5~10년이 걸린다고 합니다. 또 백신이 아예 없는 바이러스도 있다고 합니다. 그런데 코로나는 1년 만에 백신을 개발해서 접종하고 있습니다. 불행 중 그나마 천만다행이라고 할 수 있을 것입니다. 방역 차원에서 우리가 코로나를 극복했다고 할 수 있는 기준은 무엇일까요? 그리고 언제

쯤 가능하다고 생각하십니까?

코로나19, 백신과 변이 바이러스

이현숙 보건소장 : 정말로 끝났다고 이야기하려면 백신을 모든 국민이 거의 다 맞아서 집단면역이 생기고 더 이상 전파가 안 될 때라고 말씀드릴 수 있습니다. 그런데 백신을 생산하는 강대국들이 자국민들에게 먼저 접종을 하기 때문에 우리에게 넘어오기까지 시간이 걸립니다. 모든 국민이 접종을 완료하는 시점은 올해 연말이거나 내년 초라고 생각합니다. 그렇게 생긴 집단면역으로 방역 효과가 생기고 감염력 있는 사람들이 적어지면서 확산 속도가 늦춰지고, 그러면서 서서히 사그라드는 게 원칙적인 이야기입니다. 전문가들에 따르면 그 전에 우리 대한민국에서 빠르면 올 연말쯤에 3상을 통과하는 백신이 나오지 않을까 생각합니다. 우리가

모두 예상하는 그런 회사에서 백신을 만들어서 늦어도 내년 초쯤 접종을 완료하면 내년 연말을 좀 더 편안하게 지내지 않을까 생각합니다.

이원영 교수 : 저는 좀 더 비관적입니다. 첫 번째 이유는 지금 백신이 3개 정도 만들어지지 않았습니까. 그중 하나인 영국산 아스트라제네카는 혈전 문제가 있다고 합니다. 보통 백신이 만들어지는 데 3~4년 정도 걸립니다. 개발도 개발이지만, 꾸준한 임상시험을 적어도 1년, 2년 추적해서 효과 평가를 하기 때문입니다. 그런데 아스트라제네카 등 백신을 1년 이내에 개발하지 않았습니까. 그러다 보니 부작용에 대한 모니터를 못 했습니다. 아스트라제네카 같은 경우 별문제가 없다고 맞으라고 했어요. 그런데 유럽에서 혈전 문제가 생겼습니다. 독일이나 핀란드 등에서 혈전 문제가 생겨 50~60세 미만은 못 맞게 해놓았어요. 게다가 미국은 아스트라제네카를 안 맞는다는 거예요. 자기네들은 모더나 화이자 백신이 충분히 있으니까. 우리나라엔 아스트라제네카 백신이 제일 많아요. 2,000만 도즈 정도 있어요. 그런데 이걸 50세 미만 사람들에게 못 맞추게 되면 딜레마가 되는 것입니다. 그만큼 위험한데 노인들이 맞겠냐 이거죠. 그래서 접종 속도가 빠르지 않다는 거죠.

지금(2021.4.) 우리나라 접종률이 2%거든요. 미국은 한 50% 정도 됩니다. 영국이 한 60% 정도 되고 이스라엘이 70%까지 갔단 말이에요. 우리나라는 꼴찌에요. 게다가 공급하는 백신도 화이자나 모더나는 언제 들어올지 모르고, 아스트라제네카는 들어올 거라고 믿고 있지만 혈전 등의 문제가 있고…. 모든 게 다 불확실합니다.

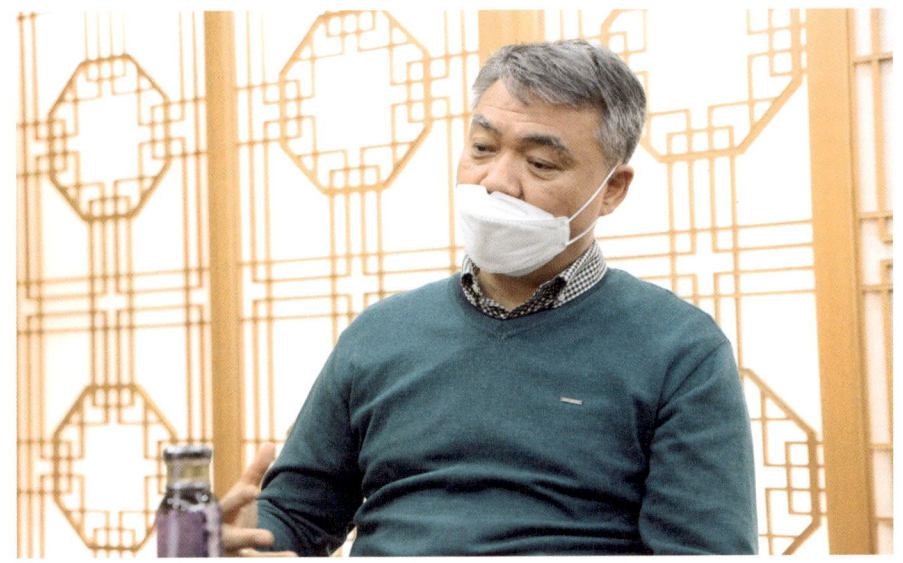

박승원 시장 : 일단 교수님은 좀 비관적으로 보시네요?

이원영 교수 : 그것도 있지만, 변이 바이러스도 문제입니다.

박승원 시장 : 이 상황이 언제쯤 종료될 건지 궁금해서 먼저 여쭤봤는데, 처음부터 다시 짚어봐야 할 거 같습니다. 저는 개인적으로 코로나바이러스는 인간이 몰고 온 재앙이라고 생각합니다. 전문가로서 왜 이러한 감염병이 왔는지 쉽게 말씀을 해주셨으면 합니다.

이원영 교수 : 〈총균쇠〉와 같은 책에서 설명이 잘 되어 있습니다만, 결국 기후변화와 생태계 파괴가 이런 문제를 가져왔다고 봅니다. 사스나 에볼라나 조류 인플루엔자 같은 것들이 인수공통 전염병이에요. 동물들한테는 괜찮은 거였죠. 코로나19도 박쥐한테는 괜찮은 거예요. 근데 무슨 영

문인지 인간에게 온 거예요. 동물과 인간의 경계가 없어졌다는 겁니다. 기후변화도 없고 생태계가 보전되었을 때는 철저하게 분리가 되었는데, 기후변화 때문에 생태계가 파괴되면서 인간의 영역이 넓어지고 동물들의 서식지가 좁아지니까 동물과 인간의 교류가 많아지고 동물과 인간 간의 감염도 생기는 것입니다.

아직 WHO에서 공식적으로 발표하진 않았지만 가장 유력한 가설이 박쥐예요. 중국 무한에서는 박쥐를 생식했다잖아요. 그 전에 이탈리아 같은 나라에서는 박쥐를 애완동물로 키운다는 이야기가 있습니다. 생태계 파괴를 통해 인간과 동물의 경계가 무너진 것, 이런 사례를 문명학적으로 이야기합니다. 과학적인 증거는 에볼라나 에이즈 같은 사례에서 밝혀지고 있습니다. 에이즈도 아프리카 원숭이에게 있던 것이 사람에게 왔다고 합니다. 60~70년대 당시 아프리카에 가서 숲을 개발한다든지 산업적인 활동을 하면서 생긴 것입니다.

유럽에서 이와 관련된 다큐멘터리가 많이 나옵니다. 문제를 기후변화로 엮어가요. 코로나19인데 기후변화를 이야기합니다. 그게 가장 정상적이고 기본적인 거죠. 그게 해결 안 되면 조류 인플루엔자가 10년마다 오듯이 이름이 어떻든 전염병으로 계속 올 거란 말이죠.

케이방역에 대한 평가

박승원 시장 : 최근 외국인들이 한국 방문을 3,500만 명 정도가 예약했다고 합니다. 과거엔 1,500만 명 수준이었는데 이렇게 숫자가 늘어나는 것

은 케이팝과 케이방역 때문이라고 합니다. 한국이 어떤 나라인지 알고 싶고 체험하고 싶어 한다는 말이에요. 케이방역의 우수성이 입증되고 있는 거죠. 케이방역의 3대 영역을 의료, 시민, 공공 이렇게 표현하는데, 이 가운데 가장 크게 이바지한 영역은 어디라고 보십니까?

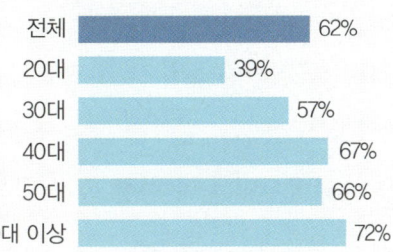

[참고] 시사인이 KBS 등과 함께 실시한 2020년 11월 웹 설문조사

이원영 교수 : 당연히 보건소죠.

보건소장 : 저희가 잘했다기보다는 국민이 잘 따라줬던 것이 가장 큰 효과를 나타냈다고 생각해요. 정부에 대한 신뢰도 있었겠지만, 시민들이 방역 규칙을 잘 지켜주고 지금까지 유지하고 있는 것이나, 백신 접종을 아직 다 못하고 있어도 환자 수가 더 늘거나 하지 않는 것도 시민들 스스로 조심하고 수긍하고 불편하지만 "다 마스크 쓰시고 손 씻어 주세요." 또는 "식사 때 자리 띄어 주세요" 했을 때 이런 기본적인 약속을 잘 지켜준 덕분입니다. "나 이거 안 할 거야" 하고 시위하지 않잖아요. 다른 나라도 그렇게 했지만, 시민들이 못 하게 해서 하지 못하는 것이기 때문에 비교가 됩니다.

코로나19 발병 이후 의료체계는 민낯을 다 보여주었다고 생각합니다. 특히 공공으로서 가져야 하는 자원을 갖추지 못한 상태라는 게 다 드러났죠. 그럼에도 감염병에 비교적 안전한 이유는 의료 종사자들을 혹사하면서 끝까지 버텨왔기 때문입니다. 물론 의료 종사자들의 헌신도 완벽한 건 아니었지만, 시민들이 지켜줬기 때문에 버텨올 수 있었습니다. 확진자가 1,200명이나 생겼을 때는 사람들이 병원에도 못 갔습니다만, 시민들이 사회적거리를 유지한 덕분에 의료체계에 심각한 영향을 주지 않았습니다.

높은 시민의식과 참여가 코로나 극복의 힘

박승원 시장 : 시민의식을 높게 평가하셨습니다. 저도 소장님과 상의하여 대처방안을 만들었습니다. 마스크 쓰기 손 씻기 등 기본적인 방역을 위해 시민안전대책위원회를 가동했습니다. 마스크 대란이 왔을 때 마스크 쓰기 캠페인 차원에서 출근길 철산역에 나갔는데, 사람들이 모두 하얀 마스크를 쓰고 내려오는 모습이 마치 마스크를 쓴 군단 같아 보였습니다. 감동 그 자체였습니다. 엄청난 시민의식을 보고 자신감이 생겼습니다. 여러 단체에서 자원봉사를 하지만, 코로나 방역과 관련한 활동은 특히 잘 따라 주더군요.

이원영 교수 : 나는 학자니까 건강조사 데이터를 봤어요. 시민 900명을 대상으로 광명시하고 경기도 평균하고 비교해봤더니 마스크 착용률이 경기도는 95% 광명시는 100%가 나오더군요. 그리고 시장님에 대한 신뢰도도 높았습니다. 수치로 환산하면 75점인데, 경기도 평균이 65점이고 31개 시군 중에서 5등이었습니다. 저는 마스크 착용률 100% 수치 보고

놀랐어요. OECD 데이터를 봐도 70% 이상 안 넘어갑니다만 우리나라는 95%가 나왔어요. 8월부터 12월까지 환자가 없어도 95%를 유지했습니다. 심지어 확진자가 아직 발생하지도 않은 전남 강진도 95%를 유지했습니다. 환자가 한 명도 생기지 않았는데. 이런 점들은 사회학자들의 연구 분야라고 생각합니다. 시민들이 그렇게 방역 규칙을 잘 따른 이유와 같은 것들 말이죠.

의료 쪽에선 보건소 역할이 컸습니다. 외부에서도 인정하듯 방역에서 가장 큰 역할을 한 건 보건소라고 생각합니다. 환자가 발생하면 역학조사를 할 만한 곳이 없습니다. 일본도 보건소가 있지만, 우리나라처럼 일사불란하지 않습니다. 미국은 보건소 제도 자체가 없고, 영국은 초기에 노인들 코로나가 의심될 때 검사받는 데 1주일 걸렸어요. 지금은 좋아지긴 했지만, 보건소가 없다 보니 보건소 기능을 하는 것이 방역 팀이었던 거죠. 조기 발견 조기 격리 다 보건소가 없으면 안 되는 것입니다.

박승원 시장 : 보건소 역할이 절대적이라는 생각에 동의합니다. 월요일 간부회의 끝나면 보건소장님께 개인적인 의견을 물었습니다. 저도 나름대로 역할을 했는데 의료방역과 관련해서는 따라갈 수 있어야 했습니다.

재밌는 이야기를 하나 하자면, 정말 보건소가 고생이 많았잖아요. 휴가도 못 가고 해서 격려차 점심을 함께하곤 했어요. 식사 중 앞에 있던 직원이 슬그머니 나가시더라고요. 제 옆에 있던 과장이 "시장님 확진자 두 명 생겼습니다. 그래서 두 사람이 먼저 들어갔습니다" 하고 설명해주더군요. 얼마 후에 격려차 식사를 또 했는데 또 확진자가 생겼습니다. 밥만 먹으면 확진자가 나오는 겁니다. 확진자가 안 나오다가 밥 사야지 하면 확진자가 나오는데, 세 번이나 연속 그런 일을 겪었습니다. 그래서 앞으로 보건소 직원들과 밥 안 먹겠다고 마음을 먹었습니다.

보건소장 : 저희끼리 먹을 수 있도록 카드만 주시면 됩니다. 하하하. 사실은 저희끼리도 따로 식사 한 번 못 했습니다. 직원들 마음이 불편해서.

시행팀에서 4월 2일부터 특수교사 군에게 아스트라제네카 접종을 했습니다. 어제는 100명에게 주사를 놨습니다. 보도자료를 뿌리는데 직원들이 걱정이 많았습니다. '부작용 생기면 어떡하나'라는 걱정이었습니다. 그래서 "괜찮다. 걱정하지 마라. 보건소 직원들 다 맞았고 요양병원에 계신 연세 있으신 분들 그렇게 맞았는데 이상이 없었다. 걱정하지 마! 문제가 생기면 내가 책임진다"라고 했습니다. 제가 직원들이랑 같이 밥 안 먹고 카드만 주는데, 새벽부터 뭐라고 하기에 오늘은 그 팀에 같이 밥 먹자고 했습니다. 밥 한 끼 먹이는 게 힘들어요. 직장이지만 사회적 관계를 형성하는 게 힘든 거죠. 한데 모이고 동질감 느끼고 같이 소속감을 느끼고 하는 게 보건소 특성상 어렵습니다.

보건의날에 시장님께 문자를 보냈습니다. 오늘이 우리 생일인데 뭐 안 사주냐고, 오늘 집에 갈 때 피자 한 판씩이라도 돌리겠다 했습니다. 같이 뭘 못 먹으니 회식은 할 수 없으니까 집으로 가져갈 수 있는 거, 직원들 부담이 없는 것을 찾게 되더라고요. 집에 갈 때 싸 줄 수 있는 것들 말이죠.

이원영 교수: 보건소 초과근로시간이 작년과 비교하면 대단히 늘었습니다. 일반 공무원도 코로나 때문에 피곤하지만 제일 힘든 게 복지 쪽입니다. 광명시나 보건소도 그렇죠.

케이방역에서 언론과 정치권의 역할

박승원 시장 : 케이방역에서 시민, 의료, 정부가 다들 많은 역할을 했는데, 예민한 질문을 하나 드리겠습니다. 전문가로서 언론과 정치권이 정확한 사실을 제시하여 사회적 연대의 힘을 만들어야 했는데, 제 역할을 했는지 객관적으로 평가해 주시죠.

이원영 교수 : 언론은 역할을 못했다고 생각합니다. 중앙정부의 신뢰도는 70점 정도 평가합니다. 언론이나 신문도 상업적이고 정파적입니다. 좌든 우든 다 그렇습니다. 객관적인 보도가 아니라 단순 조회수를 높이거나 특정 세력에 이익이 되는 방향으로 보도하면서 미디어가 신뢰를 많이 잃었다고 평가합니다. 케이비에스에서 매일 방역 관련 브리핑을 하는데, 언론이 잘하는 게 아니라 질병관리본부의 신뢰도가 높으니까 잘 따르고 있습니다.

상업적인 내용과 정파적인 보도를 자제하고 포스트 코로나 관련 탐사보도를 통해서 사회적인 정책의제를 끌어낸 건 케이비에스 정도였습니다. 정치 분야의 세계적인 흐름을 보면 어느 국가나 최고 권력자인 대통령이나 수상들이 건강과 경제의 갈림길에 서 있는 듯합니다. 어떤 정치학자가 쓴 거 보니까 코로나 초기에 경제 걱정한 나라는 집권당 지지율이 떨어졌다고 합니다. 트럼프가 대표적이죠. 그래서 떨어졌잖아요. 보리스 존슨 영국 총리도 31%나 지지율이 떨어졌습니다. 경제 걱정하다가 어설프게 방역에 대한 대처가 늦어져 신뢰도가 떨어진 것입니다.

우리나라도 초기엔 흔들렸습니다. 해외 입국을 막느냐 유지하느냐 문제로. 대만처럼 막았으면 어떻겠느냐, 뉴질랜드나 호주처럼 했으면 어떻겠느냐 하지만 경제가 살아야 하니까 해외에서 입국하는 것을 허용하면서 6개월에서 1년까지 잘 버텼습니다. 그러다 한계에 도달한 것입니다. 건강이냐 경제냐 이 문제인데, 좋으냐 나쁘냐의 관점이 아니라 나라마다 선택의 경중이 다른 거죠.

박승원 시장 : 시사인의 보도를 보면 우리나라는 경제를 우선으로 본다고 나와 있습니다. 건강 측면은 맨 밑이죠. 일본은 반대입니다만.

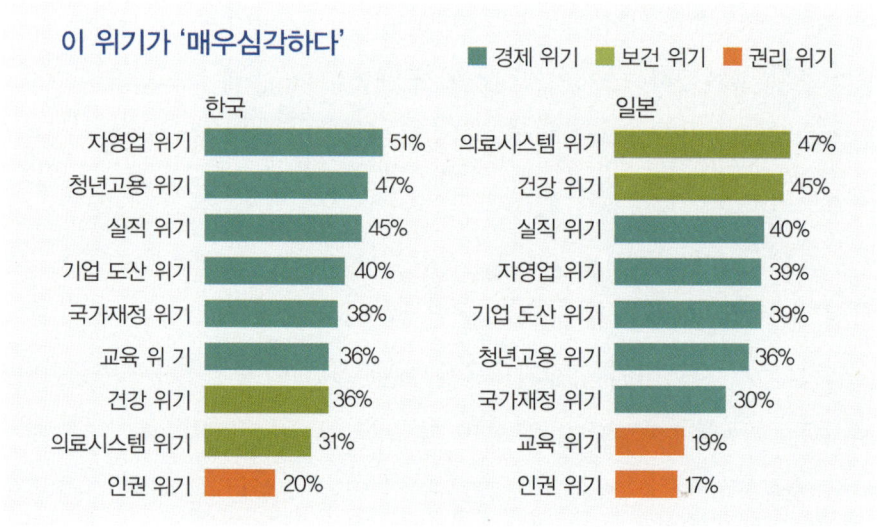

[참고] 시사인이 KBS, 한국리서치와 함께 2020년 11월에 한국인과 일본인을 대상으로 벌인 웹 설문조사 결과

이원영 교수 : 일본은 지금도 역학조사를 하지 않아요. 방역을 되게 허술하게 해요. 일본은 일반 병원을 통해 3만 병상을 확보하였습니다. 11월 기준 서울이 100병상이었던 데 비하면 많은 편이죠. 일본은 적당히 풀어주고 환자 생기면 격리하여 처리하는 시스템인 거죠. 우리나라는 환자 수만 보도하지만, 일본은 남아 있는 병상 수도 같이 보여줍니다. 아베나 스가나 기본적으로 경제에 집중하고 있습니다. 지방으로 여행가라고 하는데, 일본은 지역마다 방역 성격이 다릅니다. 그래서 일본의 경제는 그만그만 버텨나갈 수 있는 거죠. 우리나라는 처음엔 6개월이면 끝날 것 같은 분위기였는데 이 타이트한 방역이 1년, 6개월, 또 1년 이렇게 가니까 자영업 위기가 심각해지는 겁니다. 방역은 경제방역이나 사회방역이 같이 보조를 맞추어야 합니다.

보건소 공무원의 헌신

박승원 시장 : 지금 현재 진행형이나 외국 사례를 분석해보는 것도 의미가 있습니다. 주제를 바꾸어서 보건소 직원들에 관한 이야기를 좀 해보죠. 보건소장님이 화가 많이 나셨어요. 저한테도 정부한테도. 소장님의 생각과 의견이 다르기 때문입니다. 아무튼 다들 고생하고 있으니까 내년에는 끝날 수 있을까요?

보건소장 : 저는 공무원으로 살아왔기 때문에 어느 것이 맞다 다르다 생각하지 않습니다. 정부도 정치를 해야 하는 조직이다 보니 본질에서 흐려지면 정치적으로 흐르더라고요. 직원들을 더 많이 힘들게 하더라도 그냥 시키는 게 익숙한 듯 보입니다. 검사를 확대하자고 하면, 방역기관 능력

은 50만인데 25만밖에 못 할 수도 있습니다. 모두 사람이 해야 하는 일입니다. 그런 부분들을 간혹 간과하는 측면이 있습니다.

마음은 이해하지만, 50만 명의 검체를 돌릴 수 있을 만큼 최소한 노동법을 지켜가면서 일을 시켜야 하는데, 그런 배려가 없어지고 주장만 강해지는 느낌이 들기도 합니다. 내가 가진 능력이 100인데 천이나 만에 해당하는 일을 하고 있습니다. 임금을 더 주든지, 공공 인력이나 민간 인력을 풀어서 검체를 채취하도록 해야 하는데, 직원들로 하여금 '우리를 뭐로 아는 거야?' 하는 마음이 들게 만듭니다.

이런 고효율로 직원들을 6개월 이상 돌렸습니다. 그래도 언젠가 끝날 거란 믿음도 있고, 당장 이 자리에 있어야 해서 하긴 하지만 이젠 지쳐서 일을 못 할 지경에 이른 거죠. 또 일관성 있게 일을 지시해야 하는데 정부 차원에서 이리 갔다 저리 갔다 했습니다.

박승원 시장 : 소장님의 요구나 요청은 먼저 다 해결해드리겠습니다. 예산 문제는 그래도 되지만, 인력 충원 문제는 해결하기 어려운 점이 있습니다. 인사 부서에도 이런저런 요구를 해서 미안하고 속상합니다. 8~9월에 2차 역학 추적조사팀을 만들었는데 사람이 부족하니까 6명을 선발했습니다. 그런데 막상 뽑힌 사람들은 원래 하던 일과 다른 추적조사팀으로 가라니까 찍혀서 보냈다는 생각이 들었나 봅니다. 그래서 제가 인사부서에 '가서 적극적으로 일해야 하니까 일 제일 잘하는 사람을 골라서 보내라'라고 당부해서 그렇게 진행하였습니다.

보건소장 : 추적조사팀이 가장 활동적이었습니다. 추적조사팀에 시설직으로 있던 분이 왔는데, 일을 잘했습니다. 아주 수월하게 데이터 정리를 하더군요. 기아자동차에 확진자가 발생했을 때 이틀 밤새워 6,000명 데이터를 만들고 2,000명을 검사했습니다. 보건소에는 그런 사람이 없었습니다.

이원영 교수 : 서울시랑 비교해 보면 박승원 시장님이 보건소에 대한 지원을 잘해주신 겁니다. 보건소에서 역학조사 추적까지 하는 곳이 많은데, 광명시는 잘하고 있다고 평가합니다.

박승원 시장 : 시장이 아닌 개인적으로 보건소 직원들이 일하는 것 보면서 감동했습니다. 서로 도와주려고 하는 배려심이 보였습니다. 보건소 직원들은 누가 봐도 힘든데 "힘들다. 옮겨 달라" 표현하지 않았습니다. 담당 팀장이 단톡방에 수습직원이 음압 텐트 검사소에서 혼자 울고 있는 걸 보았다는 글을 올렸습니다. 얼마나 겁이 났을까, 그 글을 보고 너무 가슴이 아팠습니다. 그 느낌이 그대로 전달되어, 차마 방역 관련 SNS에도 올릴 수 없었습니다. 그렇게 고생하고 있는 것 다 알고 있습니다. 제가 교수님과 같이 편안하게 일할 수 있는 구조를 만들어 줘야 하는데 못해서 마음이 무겁습니다.

보건소장 : 그나마 직원이 말할 수 없는 것을 보건소장인 제가 대신 악악거렸습니다. 제 자리가 직원들을 대신해서 말하라고 있는 위치라고 생각했습니다.

코로나 종식 기준과 사회적 명암

박승원 시장 : 코로나를 극복했다고 말할 수 있는 종식 기준은 무엇일까요?

이원영 교수 : 타미플루처럼 신종플루에 대처하는 게임체인저가 약으로 나와야 해결되었다고 말할 수 있습니다. 코로나는 게임체인저가 백신이라고 볼 수 있죠. 항체가 전체 인구의 60~70%에서 형성되면 집단감염으로 유행하지 않습니다. 드문드문 생기긴 해도 사망률이 낮아집니다. 독감처럼 통제할 수 있으려면 꼭 필요한 게 백신인데, 변이가 생기고 있어서 지금 백신으로 해결되지 않을 수도 있습니다. 부스터샷을 한 번 더 맞을 수 있으면 변이까지 60~70% 정도 통제될 것으로 보입니다. 항체가 있으면 사망률이 떨어집니다. 그 정도면 코로나에 안 걸리는 건 아니지만 환자 발생까지 포함해서 완벽하게 종식되었다고 볼 수 있습니다.

2021년 4월 기준으로 사망률이 1.6% 정도 계속 가면 안 되는 거죠. 일정한 수준에서 발병을 하면 통제가 됩니다만, 코로나는 계절을 타고 발생합니다. 최근 5,000명을 대상으로 항체 값을 조사하였는데 0.7% 정도였습니다. 100명 중 70명이 항체가 있어야 하는 것에 비하면 적다고 볼 수 있습니다.

박승원 시장 : 모든 역사적 사건은 명과 암이 있습니다. 코로나가 끼친 긍정적인 영향이 있을까요? 있다면 무엇인지 말씀해 주셨으면 합니다.

이원영 교수 : 코로나가 끼친 긍정적 영향이 있다면 케이방역의 성과입니다. 한국에 대한 이미지가 높아져 다른 나라에서 방문하고 싶어 한다고 들었습니다. 한국 라면이나 김치가 세계적으로 유행하는 등 국가 이미지가 좋아졌습니다. 건강 측면에서 보자면 소아·청소년과나 이비인후과가 망하고 있습니다. 미세먼지 영향을 받는 감기 환자나 호흡기 환자가 줄어들어서 폐업을 한다고 합니다. 세계적으로 흡연과 음주가 느는데 오히려 한국은 줄었습니다. 자살 시도율은 높은데 자살률도 줄었습니다. 심근경색이나 뇌졸중도 줄었습니다. 신체 건강 측면에서 오히려 좋아지고 있다고 해야 할까요? 집에 있는 시간이 많아지고 산업적인 측면에서 에이아이나 새로운 산업이 촉발되는 것도 긍정적인 효과라 볼 수 있습니다.

보건소장 : 사회적 취약계층이 어디에서나 걸립니다. 콜센터처럼 아무도 신경 쓰지 않는 밀집 격리 환경에서 근무하는 분들은 복구가 안 되고 있습니다. 그런 분들은 걸렸다 낫고 나면 다시 나가야 하는데, 실직으로 내몰립니다. 소상공인도 있지만 저임금으로 식당에서 일하는 분들도 실직으로 내몰리며 양극화가 심해지는 것 같습니다.

박승원 시장 : 소장님과 일하면서 첫 번째 확진자가 퇴원했을 때 일이 생각납니다. 제가 혹시 면담할 수 있는지 물었을 때 바로 오케이 해주셨는데, 그분 너무 훌륭하신 분이에요. 30대 후반인데, 2주간 환자 생활하면서 댓글에 올라온 비방글을 보며 '내가 무슨 죄가 있다고' 하는 생각과 한편으로는 감사하고 미안함이 들었다고 하시더군요.

제가 방문했을 때, "이제는 힘도 생기고 초등학교 다니는 아이들 배려해야 하는 마음이 더 커졌다" 하는 말씀을 듣다가 보건소장님이 눈물을 글썽이셔서 저도 같이 글썽했습니다. 사람에 대한 애정이 이런 거구나, 진심으로 사람을 대하고 걱정했던 마음을 느낄 수 있었습니다. 또 소장님이 의사로서 사명감이 굉장히 강하다고 느꼈습니다. 힘드실 텐데도 "제가 할 일을 하는 겁니다"라고 말씀하셔서 감동하였습니다. 소장님과 같은 분들이 많이 계셔서 이 상황을 이겨내고 싶습니다.

코로나 위기, 진단과 극복 방안

박승원 시장 : 오늘 핀셋 지원 발굴단 전달식 행사했습니다. 사각지대에 있는 사람을 발굴하는 것입니다. 정부의 재난지원금이 사각지대에 있는 분들에게는 지원이 안 되고 있어요. 이렇게 대상이 안 되는 분들을 핀셋 발굴단이 지역사회와 연결하여 지원해 드리자는 겁니다. 오늘 두 번째로 200가구 발굴해서 50만 원씩, 각 동 사회복지협의체 회장님들 모여서 지원해 드렸습니다. 코로나 때문에 사업이 망하면 일종의 도피성으로 가 계시는데, 기초수급권자도 아니고 주소지도 광명이 아니라서 찾아내기 어려운 분들을 한 분씩 찾아내야 합니다. 피해가 많은 이런 계층은 장기화하면 더 힘들어지게 됩니다.

이원영 교수 : 코로나 백서 제작 때문에 피시방, 이미용업, 태권도장, 코인노래방 업주들을 만났습니다. 이분들은 모두 혼자 감당하고 있습니다. 버티다가 사업을 그만두고 복지 사각지대인 택배 배달 이런 쪽으로 갑니다. 100곳 이상 노래방이나 태권도장 업주를 만났는데, 대출을 받아 근근히 버티고 있다고 합니다. 방역 때문에 피해를 본 노래방 업주들은 코

로나 온상지로 취급받아서 빚도 많고 잠도 못 자고 하며 1년을 어떻게 버틸 수 있을까 고민입니다. 이분들에게 언 발에 오줌 누기처럼 찔끔찔끔 나눠주는 것이 정치의 역할인지 반문합니다.

박승원 시장 : 국가 위기 재난 상황입니다. 사회적으로 협의해서 위기를 탈출해야 합니다. 불공정하고 불공평한 것을 지워버리고 협의를 통해 새로운 틀을 만들어야 합니다. 그런 위기를 딛고. 성공했을 때 비약적으로 성장하는 것이 아닐까 생각합니다.

이원영 교수 : 그게 핵심입니다. 기본소득개념과도 연결되어 있습니다. 코로나 같은 사태는 경험이 없으니, 피시방 피해 보상법을 만들어 놓고도 감당이 안 되어 통과를 못 시키고 있습니다. 업주들 생각에는 방역도 정부 편하려고 하는 것이 아닌가, 코로나 확산은 명백하게 국가 책임인데 방역지침 어겼다고 300만 원 벌금을 물리는 건 지나치다고 주장합니다. 방역 수칙 위반도 이용자들이 안 지키는 건데 벌금은 왜 때리냐고 항의합니다. 이런 점을 깊이 있게 논의하고 고민해야 합니다. 앞으로 있을 대선에서 이런 논쟁들이 치열하게 진행될 거라고 봅니다.

틀을 바꿨으면 좋겠습니다. 저는 보건의료 정책에 관심이 많습니다. 영국 비비씨 국회방송에서 집권당 당수하고 야당 당수가 계속 싸우는 장면이 매우 인상 깊었습니다. 총리 가족 이야기까지 쟁점으로 삼아 30분씩 논쟁을 하더군요. 시민이 말할 수 있는 민주주의의 분위기인 거죠.

우리나라 민주주의는 아직도 권위주의 요소가 남아 있습니다. 국가 위기 때마다 정치인들도 타운홀에서 대책 없이 공감해주는 신부님이나 목사님만 만나지 말고 이해당사자를 만나 설득하는 것이 본질입니다. 진짜 사각지대에 있는 사람들은 만나지 못하고 있습니다. 사람들을 많이 만나야 합니다. 지도자가 문제의 심각성을 정확하게 알아야 정책을 집행할 수 있습니다.

코로나 이후, 무엇을 준비해야 할까?

박승원 시장 : 교수님 말씀 중에 절차적 민주주의에서 그다음 민주주의로 넘어가지 못하고 있다는 데 공감합니다. 지방 자치하면서 이것을 뛰어넘으려고 합니다.

저는 공직자들에게도 더 가까이, 현장에서 문제를 찾아봐야 하고, 의회와 논쟁하는 것을 즐겨야 한다고 말합니다. 피하려고 하면 안 된다, 윽박지르려고 해도 안 된다, 시끄러워도 논쟁해야 한다고 말합니다. 답이 없으면 찾아야 합니다. 그런 정치지도자들이 흔치 않습니다.

이원영 교수 : 민원 때문에 힘들다고 하지만, 민원을 넣으면 세상이 바뀌는 실마리가 됩니다. 소통의 구조를 제도화해야 합니다. 광명시가 꼭 했으면 좋겠습니다. 재정이 부족함에도 단기적으로는 핀셋 지원으로 방역 사각지대 해소를 잘하고 있다고 생각합니다. 하지만 결국 고위험시설들만 남게 되는데, 이분들 되게 힘들어합니다.

국가가 영업을 제한하는 분야에서 조금씩 지치고 있습니다. 과태료는 부과하지만, 특정 모임이나 대표가 없는 이런 분들이 단기적 제도화를 할 수 있도록 간담회를 열거나 직접 만나 이야기를 들어보는 지자체가 거의 없다는 것이 문제입니다. 소통할 수 있는 장치를 만들어야 합니다.

보건소장 : 시장님은 많이 잘해주고 계시지만, 공무원들끼리도 우리는 365일 근무하는데 어쩌다 한번 근무하는 다른 직렬 공무원들은 간혹 이런 일들은 보건소 직원이 해야 한다는 생각이 강한 것 같습니다. 보건소의 일이 아니라 광명의 일인데, 주연이 마치 카메오처럼 출연해서 이걸 다 만든 것처럼 말하면 힘들어집니다. 내부에서도 서로에 대한 이해도를 높여야 합니다.

박승원 시장 : 위생과 업무는 직렬과 상관없이 누구나 다 할 수 있지 않을까요. 직무 교육을 통해 가능할 것 같습니다. 해보지도 않았는데 못한다고 생각할 필요가 없습니다. 광명시처럼 행정직이 보건소 추적조사팀을 할 수 있도록 직렬을 파괴해야 합니다. 또 직렬 파괴를 뛰어넘은 뭔가 있어야 합니다. 우리 조직의 문화를 바꿔주는 것이 필요합니다. 유인책도 주고, 서로 선을 긋지 않고 섞어 놓고 보면 필요한 부분들이 다 가까이 있습니다. 행정직이 방역도 할 수 있는 거죠.

보건소장 : 보건소는 군정 때 도입한 시스템인데, 일반행정에서 독립시켰습니다. 보건소 직원과 일반행정 공무원들이 서로 다른 일을 하고 있는 한계가 있습니다만, 이번 추적조사팀 사례처럼 가능한 부분도 있다고 생각합니다.

박승원 시장 : 이런 일이 생기면 공무원 교육부터 합니다. 교육을 통해 공무원들에게 전사 또는 의병이라는 마음을 가지라고 강조합니다. "전체 공무원들이 전사이며, 지금 역사를 쓰고 있다고 생각하라"라고 얘기하지만 한편으로는 '내 이야기의 뜻을 잘 이해할까?'라는 걱정도 있습니다. 우리 스스로 다짐하지 않으면 힘들다는 생각입니다. 감염병관리과나 보건의료 정책 쪽으로 인력을 대폭 확보하고 직렬을 가리지 말아야겠습니다.

단계적 일상 회복은 가능할까?

박승원 시장 : 정부는 단계적 일상 회복(위드 코로나)을 발표했습니다. 단계적 일상 회복 발표 후 남아공발 변이 바이러스가 국내에 유입되고, 확진자 수가 급증하고 있습니다. 코로나 바이러스의 특성상 변이종의 발생 가능성과 2년 만에 맞이하는 단계적 일상 회복 초기의 혼란은 어느 정도 예측하고 있었습니다만, 일부에서는 의료 붕괴 위기를 말하며 사회적 거리두기 강화를 주장하기도 합니다. 이에 대해 전문가로서 어떻게 진단하시는지 한 말씀 부탁드리겠습니다.

이원영 교수 : 올해 초만 하더라도 백신 접종으로 집단면역이 형성되어 유행이 어느 정도 잡힐 줄 알았습니다. 그런데 개인 면역력이 3개월이면 떨어지고 오미크론과 같이 기존 백신의 예방효과를 무력화시키는 돌연변이가 생기면서 집단면역을 통한 감염 유행 통제가 어려워지게 되었습니다. 지금으로써는 유행 통제보다는 반복적인 백신 접종과 내년 초부터 진료 현장에 사용되는 입원율을 80% 줄이는 새로운 치료제로 코로나 감염의 중증도를 낮출 수 있다고 보입니다.

다만 3개월마다 반복적으로 접종할 경우의 부작용 문제, 새로운 치료제가 임상실험 때만큼 현장에서 효과가 있을지 등 우려도 만만치 않습니다.

현 시점에서 방역 당국은 딜레마에 빠져 있습니다. 단계적 일상 회복을 위해 사회적 거리두기를 완화하면 확진자와 중증 환자 수가 많아져 의료체계가 감당할 수 없을 정도로 다시 커질 수도 있습니다. 반면에 더 효과적인 백신과 치료 기술이 나올 때까지 진단, 추적조사, 격리와 함께 강도 높은 사회적 거리두기를 유지할 수도 있습니다.

이 경우 유행 장기화로 인해 거의 소진이 되어버린 방역공무원 및 의료진들과 벼랑 끝에 놓여있는 자영업자들이 더 이상 버티기 어렵게 됩니다. 이제는 명령과 통제(command-control)보다 시민들에게 과학적이고 객관적인 정보를 주고 숙고와 참여적 토론을 통한 상향식(bottom-up) 방식으로 방역의 기조가 결정될 때라고 봅니다.

(대담 끝)

3년 차 접어드는 코로나19, 일상회복 다시 시동 건다

이 글을 쓰는 지금도 코로나19는 계속 진행 중이다. 2021년 11월 이후 남아공발 오미크론 변이의 출현으로 일일 확진자의 수가 8천 명대까지 올랐다가 2021년의 마지막 날인 12월 31일부터 4천 명대로 떨어졌다. 사회적 거리두기의 효과로 지표상 변이 바이러스의 확산세가 주춤하고 있는 듯 보인다. 전문가들은 새로운 변이의 확산이 통제 가능한 수준의 안정

세로 돌아갔다는 조심스러운 견해를 내놓기도 한다.

김부겸 총리는 경구용 코로나19 치료제와 관련하여 12월 31일 '곧 좋은 소식을 알려드릴 예정'이라고 밝혔다. 3년을 끌어온 코로나와의 전쟁도 조금씩 끝이 보이는 듯하다.

광명시장으로서 현존하는 코로나19의 위협과도 싸우고 있지만, 코로나 이후 일상으로의 대전환도 차근차근 준비하고 진행해 나갈 것이다.

공동체를 유지하는 힘은, 공동체 구성원의 동의와 협력에서 나온다. 그동안 여러 어려움 속에서 코로나 접종을 하고, 사회적 거리를 유지하며 개인 마스크 쓰기, 손 씻기 등을 유지하는 방법으로 정부의 방역지침을 준수하고 계신 시민 여러분의 덕분으로, 코로나19의 험난한 시기를 넘어가고 있음에 다시 한번 감사의 말씀을 드린다.

아무쪼록 이 글을 여러분이 읽고 계실 즈음에는 모든 사람의 얼굴에서 마스크가 사라지고 희망의 미소가 가득하길 바란다.

변화의 시대,
어떻게 살 것인가?

— 코로나19 이후 일상으로의 대전환을 위하여

코로나 팬데믹으로 시민들의 평범한 일상이 달라졌다.

세계는 심각한 경기 침체를 겪고 있다. 경제성장률과 실업률 같은 지표를 찾아보지 않아도 우리 주변에서 쉽게 확인할 수 있을 정도다. 우리나라도 예외가 아니다. 전 세계적 난제인 불평등과 저성장, 산업 노후화와 환경 문제는 우리나라도 예외가 없었다. 주거, 의료, 취업, 출생 등 구체적인 일상생활의 문제가 여러 가지 형태로 나타났다.

민선 7기 광명시장으로서 시민 중심 자치와 분권, 주민의 적극적 참여로 민주주의를 실현하고 이를 기반으로 광명시를 미래도시로 만들어 가는 것이 최고의 목표였다.

하나씩 차근차근 구현하는 과정에서 2019년엔 돼지열병과 태풍 등을 겪었다. 그 다음으로 불현듯 닥친 코로나19 광풍은 심각했다. 도시의 모든 행정력이 2년 이상 코로나와 싸우고 있다.

문제가 발생하더라도 생각하고 성찰하며 다음을 준비하지 않으면 일상으로의 대전환은 어렵다. 이제 코로나19 이후 일상으로의 대전환을 준비하자고 말할 때다.

IMF 위기가 이후 20여 년의 시대 성격을 규정지었다고 할 수 있듯이 지금의 코로나도 향후 20년을 규정지을 것으로 보인다. 그만큼 커다란 사건이고, 전 국민의 삶에 직접적인 영향을 끼쳤다.

직면한 코로나 유행이 인류사를 바꾸게 될 거라는 것을 많은 사람이 예상하고, 또 실감하고 있다. 앞으로 우리의 산업환경은 어떻게 바뀔 것인가, 도시 생활은 어떻게 변할 것인가를 고민하지 않을 수 없게 되었다.

"신은 항상 용서하고, 인간은 가끔 용서하지만, 자연은 절대 용서하지 않는다"라는 스페인 속담이 있다. 재러드 다이아몬드는 〈총·균·쇠〉라는 책에서 총, 금속과 함께 인류 역사를 뒤바꾼 요인의 하나로 세균 즉, 바이러스를 꼽았다.

코로나19와 같은 바이러스보다 '진짜 무서운 놈'은 기후위기다. 바이러스는 기후위기의 결과물일 뿐이다. 기후위기는 우리가 만들어 온 사회와 살아가는 방식에 근본적인 문제가 있음을 의미한다.

환경 파괴의 결과는 태풍이나 폭염처럼 직접적인 환경재앙으로 나타나기도 하지만 간접적으로 코로나와 같은 전염병을 주기적으로 만들어내는 것으로도 나타난다.

기후위기가 임계 수준을 넘으면 어느 순간 지구의 전체 균형이 깨져버리는 '티핑 포인트'가 일어난다. 이것은 인류에게 실존적인 위험이다. 이제는 기존 체계로는 대응할 수 없을 정도로 광범위하면서도 치명적인 위기가 일어날 수 있는 지구의 역습에 대비해야 한다.

이런 기후위기에 대응하는 방법으로 선진국에 의한 각종 환경규제가 나타날 수 있다. 유럽과 미국 정부가 탄소중립 등 각종 환경규제를 강화할 것으로 예상하는 것은 당연하다.

코로나가 가져온 사회변화와 해결책

코코로나로 인해 우리 문명에 거대한 패러다임 시프트가 일어날 것은 누구나 예측할 수 있다. 많은 전문가가 코로나 이후에 대한 다양한 의견을 내고 있다.

코로나19가 불러온 위기는 무척 많다. 크게 경제위기, 보건위기, 사회·문화 위기로 나누어 볼 수 있다. 사회·문화 위기란 교육, 인권, 인구(출산), 종교활동의 위축, 공연·출판·영화 등 문화예술의 위축, 사회 격변에 따른 문화·인식의 지체 현상 등을 포괄적으로 일컫는다.

급격한 기술 발전에 비해 인식이나 문화는 보수적이라 상당 기간 기술과 문화의 간격이 벌어진 채로 살아갈 것이라는 의견도 있다. 팬데믹과 기후위기가 장기화하면서 대외 교류 활동보다는 고립된 단위 도시 위주로 가게 될 것이라는 우려와 세계적으로 한정된 자원을 놓고 벌어지는 신냉

전 시대의 도래를 걱정하기도 한다.

반면에 코로나로 인해 얻은 긍정적인 면도 있다. 케이방역을 통해 우리나라는 세계인이 방문하고 싶어하는 국가로 이미지가 좋아졌다. 보건의료 측면에서도 소아·청소년과 이비인후과에 감기 환자, 호흡기 환자가 줄었고, 흡연과 음주, 심근경색이나 뇌졸중, 심지어 자살률도 줄었다는 통계가 있다. 개개인의 신체 건강 측면에서는 오히려 좋은 지표들이 나타나고 있다.

사람들이 집에 머무는 시간이 많아지면서 비대면 업무와 재택근무가 가능한 산업에선 긍정적인 효과도 보인다. 4차 산업혁명의 핵심인 인공지능과 IT 기술의 접목으로 주거공간과 사무공간의 구분이 희미해지고 업무시간이나 장소, 이동수단에 얽매일 필요가 적어졌으며 실제로 일상에서 가능하다는 것을 입증하기도 했다.

코로나19는 새로운 변화를 일으켰다기보다는 예정된 변화의 문을 조금 빠르게 열어젖혔을 뿐이라는 평가다. 짧게는 4~5년, 길게는 수십 년에 걸쳐 일어날 일이 한 해의 변화로 축약됐을 뿐이다.

코로나19로 인한 이런 인류사적 격변이 우리 일상에 어떻게 나타나고 있는지, 우리의 미래가 어떻게 변할지 예측하면서 광명시가 앞으로 나아갈 '길'을 찾아보아야 한다.

인간 사회의 가장 큰 변화는 인구 변화로부터 촉발된다. 우리나라도 지금껏 겪어보지 못했던 변화를 목전에 두고 있다. 반만년 동안 꾸준히 증가하던 인구가 감소하고 있다. 역사상 최초로 저출산, 초고속 고령화 사회로 진입하는 중이다. 현재의 저출산이 계속된다면 2300년에는 대한민국이 소멸할 것이라는 옥스퍼드대 데이비드 콜먼 교수의 우려가 현실의 문제로 다가왔다. 수도권을 제외한 지방소멸을 이야기하는 목소리도 높다. 지방소멸의 원인은 지방 일자리의 부재와 기회의 불균형 또는 불평 등에서 찾아볼 수 있다.

우리나라 국토의 16.7%가 도시다. 도시에는 인구의 91.8%, 즉 10명 중 9명이 산다. 인구절벽에 빠진 지방 도시의 문제를 해결하는 해법의 궁극도 '도시'에 있다고 생각한다. 도시는 사람들이 살아가는 장소다. 따라서 어떤 분야에서 어떤 해결책을 제시하더라도 결국은 '도시에 어떻게 담을 것인가'라는 질문으로 귀결되기 때문이다.

따라서 도시의 미래, 구체적으로 광명의 미래를 연구하는 것은 결국 현재의 대한민국 국민 그리고 더 나아가서는 다음 세대의 삶을 고민하는 것과 같다.

광명은 강남의 모델을 따라가지 않는다. 강남이 상징하는 것은 '부동산, 사교육, 소비, 강제 개발' 등이다. '강남에 건물 한 채'로 비유하는 욕망의 상징이기도 하다. 생산수단이 없는 도시는 주거공간을 욕망의 대상으로 사고, 팔며 소비한다. 강남은 미래도시의 모델이 될 순 없으며 되어서도 안 된다고 생각한다.

그래서 우리나라와 외국의 모범적인 도시 운영의 사례들을 살펴보았고 그 결과로 얻은 바람직한 도시 상을 광명에서 구현하려 한다.

광명은 미래도시의 모델이 될 것인가?

광명시장으로서 나는 최우선으로 시민의 행복에 초점을 맞추어 정책을 펼쳐 나갔다. 이를 추구하고자 광명시정의 기본 철학으로 '공공, 공정, 공감의 가치 실현'이라는 세 가지 방향을 제시하고 실천해 왔다.

코로나19로 촉발된 비대면 사회라는 특성과 여러 어려움에도 불구하고 광명에는 새로운 기회가 도래할 가능성이 크다.

최근 4차 산업혁명은 단순히 경제뿐만 아니라 사회, 문화, 정치 등 다양한 분야의 키워드로 자리매김하고 있으며, 새로운 산업혁명이 도시와 자연스럽게 접합되는 시대적 방향성은 우리에게 더욱 큰 울림으로 다가올 수밖에 없다.

광명은 3기 신도시 개발을 목전에 두고 있다. 나는 광명시를 4차 산업혁명에 기반한 도시, 자족과 자생의 도시, 문화도시, 교육도시, 녹색도시의 모델로 만들려고 한다. 우리나라는 이미 도시개발 산업 분야에 필수적인 세계 최고 수준의 철강 중공업, 가전, 정보통신 인프라와 경쟁력을 보유하고 있다. 신도시 건설 경험과 기술도 풍부하다.

그래서 광명시의 미래는 단순히 기술적 접근으로만 풀어가서는 안 된다.

사람을 최고 중심가치로 두고, 여기에 미래의 가치를 자연스럽게 접목하는 과정으로 풀어나가야 한다.

광명 제3기 신도시 개발 계획을 추진하는 과정에서 나는 공동체 의식을 담은, '따뜻한 경쟁력'이 있는 도시개발을 제시하였다. 그리고 핵심 과제로 '일자리, 교통, 쾌적한 환경, 교육 그리고 스마트도시'를 담았다. 최근 진행하고 있는 광명 시흥 테크노 단지에는 2024년부터 유통단지, 첨단산업단지, 일반산업단지, 공공주택지구 조성사업이 준공될 예정이다. 이것이 완성되면 광명시는 4차산업을 선도하는 수도권 서부의 핵심 거점이 될 것이다.

광명시는 모빌리티와 인공지능을 중심으로 4차 산업혁명을 선도하는 기업과 연구단지가 관내에 생기고, 일자리가 늘어나며 인구가 유입되고 걸맞은 문화 행정 복지 서비스를 제공하는 도시로 변화할 기회를 맞고 있다.

모든 일을 나 혼자서 해 나갈 수는 없다. 30만 광명시민과 함께하는 일이다. 민주적 절차에 따라 결정된 시민들의 뜻을 집행하는 것이 시장인 나의 일이다.

지난 3년 반 동안 광명시는 시민과 함께 많은 일을 이루어냈다. 시민 스스로 지역의 문제를 발견하고 해결방안을 모색하는 과정이었다. 시민이 참여하여 만들어낸 성과와 과정을 평가하고 앞으로 더 나아진 광명시를 위해 해야 할 일을 시민과 함께 고민하고자 한다.

2장

광명의 지도가 바뀌고 있습니다

광명의 지도가 바뀌고 있다
광명 3기 신도시 그리고 변화
개발과 보존의 이분법을 넘어선 광명시의 도시재생

―――

광명시가지를 걷다보면
우리나라 도시발전의 모든 모습이 빼곡하게
자리잡고 있습니다.

이번에 새롭게 들어서는
신도시는
기존의 변화를 모두 합친 것보다
더 큰 변화를 가져올 것입니다.

광명의 지도가
바뀌고 있다

1981년 광명시가 탄생했다. 한때는 서울의 서자로도 불렸고, 서울의 베드타운으로도 불렸다. '02' 지역번호를 쓰면서 광명은 서울처럼 행세하기도 했다. 1981년 전에는 광명시의 도시계획도 서울시가 했다고 한다. 그래서 광명은 서울시의 변두리처럼 불리기도 했다.

그랬던 광명시가 도시의 지도를 조금씩 바꾸기 시작한 것은 2004년 4월 KTX광명역이 개통하면서부터다. 광명은 수도권 서남부 지역의 교통중심지로 불리기 시작했다. 본래 광명역은 4,600억 원을 들여 시발역(출발역)으로 만들어졌다. 하지만 서울지역의 정치적 힘으로 서울역과 용산역에 시발역 지위를 빼앗기고, 영등포역이 정차역이 되면서 광명역은 모든 인프라를 갖춰놓고도 배제되는 설움을 겪어야 했다. 당시 시민들은 광명시와 함께 KTX광명역 정상화를 위한 범시민대책위를 만들어 인근의 7개 시와 협력하여 광명역을 시발역으로 만들어야 한다는 강력한 대응을 하였다. 범대위 상임대표인 상공회의소 백남춘 회장이 적극적으로 나섰고, 시민들은 버스를 대절해서 대전 철도공사, 과천의 국토부를 방문하여 여러 번 항의 집회를 하였다. 그런 노력으로 정차 횟수가 늘어나는 등의 변화가 나타났다.

이제 광명역 주변은 새롭게 도시 기반을 갖추었다. 중앙대병원과 이케아, 코스트코, 지식산업센터 등 중소기업이 생기고 새롭게 활력이 일어나고 있다. 최근 신안선과 학온역이 생기며 KTX광명역을 중심으로 한 도시변화도 시작되었다. 더불어 양기대 시장이 8년간 열정을 다해 추진한 광명동굴은 세 차례에 걸쳐 한국의 100대 관광지로 선정되면서 다른 도시의 시민들도 관광지로서 광명을 주목하기도 했다.

그렇게 성장한 광명은 민선 7기가 들어서서 또 다른 변화가 일고 있다. 광명시흥테크노밸리 사업이 드디어 착공하면서 강소기업들이 광명에 들어올 채비를 하고 있다. 일반산업단지와 첨단산업단지, 유통단지와 공공주택지구 74만평 개발이 시작된 것이다. 기업유치위원회를 만드는 등 수도권 최고의 강소기업 유치를 위한 전략회의를 벌써 수차례 진행했다.

광명동굴 주변 17만평의 도시개발도 준비 중이다. 연간 100만 명이 찾아오지만 체류 시간은 한 시간밖에 안 된다. 동굴 외에는 볼거리가 없고, 쉴 공간이 없기 때문이다. 체류형 관광도시가 될 수 있도록 광명도시공사가 문화복합단지를 조성하는 일을 추진하고 있다.

신혼부부 희망타운인 하안2 공공주택사업도 추진하고 있다. 처음에는 주민들 반대가 있었지만, 지금은 다시 찬성하는 입장이 되었고, 국토부 전략환경영향평가도 마쳤다.

24만 평의 구름산 환지 개발도 진행 중이다. 토지 보상을 위한 지장물 조사도 마쳤다. 주민들의 숙원 사업이지만 수용방식이 아니라 토지주들과 협의하며 추진해야 하는 사업이라 매우 난항이 예상된다.

광명동의 뉴타운 재개발사업은 11개 구역이 진행되고 있다. 최근에는 뉴타운 해제구역인 7구역과 8구역이 공공 재개발 구역으로 선정되어 다시 개발사업이 진행하게 되었다. 철산동 지역의 재건축과 리모델링 사업까지 포함하면 작은 도시에 실로 엄청난 개발사업이 진행되고 있다.

이런 와중에 국토부는 광명시를 3기 신도시로 발표했다. 광명시흥지구 3기 신도시는 7만 가구에 인구 16만 명을 수용하는 수도권 최대 신도시 지역이다. 광명시는 엄청난 숙제를 안았다. 정부가 하는 신도시 개발계획을 무조건 따라 할 수는 없다. 정부가 목표로 하는 주택만 건설하도록 지켜볼 수는 없고 신도시 개발 계획을 정부와 시민과 함께 짜야 한다.

나는 도시개발을 좋아하지 않는다. 그러나 운명처럼 놓인 숙제를 접하며 또다시 사람을 생각한다. 도시개발 과정에서 시민들이 쫓겨나지 않도록 해야 한다. 그리고 사람 중심의 공동체가 살아남을 수 있도록 온갖 힘을 모아야 한다. 광명시의 개발 지도가 바뀌더라도 사람과 사람이 연대하는 새로운 지도를 그려야 한다. 그 10년의 숙제가 광명을 바꿀 것이다. 그 꿈을 3기 신도시에 심어야 한다.

광명, 3기 신도시
그리고 변화

시장으로서 해야 할 중요한 일 가운데 하나는 도시의 관리다. 새로운 건물, 도로, 시설물을 직접 건설하기도 하고, 도시의 유지에 필요한 각종 서비스를 제공하는 것은 쉬운 일이 아니라는 것을 실감하고 있다. 여기에 더해 민간을 통해 추진되는 각종 재건축, 재개발이 도시의 발전과 주민의 편익을 모두 충족시키도록 끊임없는 협의도 진행되고 있다. 모두의 노력을 통해 광명의 모습이 급속도로 바뀌고 있음을 모든 시민이 잘 알고 계시리라 생각한다.

이런 상황에서 추진되고 있는 광명시흥 신도시는 광명의 모습을 바꿔놓을 큰 사업이다. 나는 이 신도시를 어떻게 광명 발전의 기회로 만들 수 있을지를 놓고 계속 고민하고 있다.

신도시가 생기면 무엇이 바뀔까?

신도시가 생기면 무엇이 바뀔까? 첫째 인구가 늘어난다. 인구가 늘어나면 할 일이 많아진다. 옛날과는 다르지만, 여전히 인구는 지자체의 힘이다. 건물과 인구가 늘어난 만큼 지방세 징수 기반이 넓어져 시의 재정도 좋아질 수 있다. 하지만 꼭 그렇지는 않다. 늘어난 인구에 걸맞은 서비스를 제공해야 하므로 오히려 돈 쓸 일이 더 많아질 수도 있다.

두 번째로 차가 늘어난다. 교통 문제가 생긴다는 이야기다. 지금도 막히는 서울로 가는 길은 어떻게 될까? 시장의 입장에서 벌써 걱정이고 머리가 아프다. 다행히 3기 신도시는 건설단계에서부터 광역교통망을 확충한다고 이야기하고 있다. 이것이 계획대로 잘 진행되도록 챙기는 것이 지금 나의 큰 과제다.

세 번째로 도시의 공간구조가 바뀐다. 광명시는 산을 따라 남북으로 쭉 뻗어 있는 모습인데, 산 너머에 대규모 도시가 만들어지면 동그란 모양으로 바뀌게 된다. 이렇게 되면 광명시의 중심은 어디가 될까? 신도시가 만들어지면 시민은 어디에서 살고 어디에서 일하게 될까?

신도시의 모습은?

새롭게 만들어지는 신도시는 기존 신도시와 다른 형태의 도시로 구상하고 있다. 충실한 자족 기반을 중심으로 쾌적한 주거환경이 어우러진 공간은 광명의 새로운 도약을 가져올 존재라고 생각한다.
새로운 신도시 구상과 관련하여 많은 전문가와 여러 차례 이야기를 나누고 관련 지역을 다녀오면서 몇 가지 원칙을 세우게 되었다. 첫째는 미래를 위한 여백을 확보하겠다는 것이다. 신도시의 근본적인 단점은 한순간에 모든 것이 결정되고, 그 계획에 따라 한꺼번에 도시가 만들어진다는

것이다. 그리고 짧은 전성기를 누리고 한꺼번에 같이 늙어간다. 우리가 1기 신도시라고 부르는 곳이 겪고 있는 모습이다. 당시의 요구에 맞게 지어졌던 많은 시설과 공간들은 지금 시대와 맞지 않는 경우가 많다. 새롭게 무엇인가를 해 보려 해도 땅이 없어서 포기하는 경우가 대부분이다. 나는 광명 신도시가 이러한 문제를 반복하지 않기 위해 소규모 유보 용지 확보를 넘어 도시의 일정 구역 또는 충분한 면적을 미래의 변화를 위한 지역으로 확보해놓으려 한다.

두 번째는 저층과 녹지의 강박에서 벗어나려 한다. 신도시의 마스터플랜을 보면 많은 지역이 녹지로 만들어져 있다. 공원과 녹지는 중요하다. 하지만 그 공원과 녹지가 시민들의 생활과 밀접하게 연관되고 쉽게 이용할 수 있는 위치에 있어야지 일상생활과 동떨어진 곳에 면적만 넓게 만들어져서는 곤란하다. 도시의 활력을 유지하면서도 녹지와 공원을 쉽게 접할 수 있도록 적정한 수준과 배치가 중요하다. 다른 한편으로는 시원한 스카이라인을 형성하고자 한다. 같은 용적률이라면 더 높은 층수로 이루어진 건물로 짓는 것이 경관이나 통풍 차원에서 유리하다. 탁 트인 느낌을 주는 신도시가 될 수 있도록 건물의 배치와 층고를 계획하려 한다.

세 번째는 철도다. 모든 시민이 잘 아시는 것처럼 이제는 철도의 시대다. 철도는 높은 정시성과 빠른 속도로 선호도가 높다. 환경적으로도 유리하다. 광명 신도시의 가장 큰 걱정은 서울과의 교통망인데, 이 문제는 도로 교통으로는 해소할 수 없다. 그래서 신도시와 주변의 기존 철도망을 연결하는 데 주력하고 있다. 다른 한편, 멋있고 미래지향적인 신교통수단의 도입에 대해 신중하게 접근하고 있다. 지난 20년간 많은 시도가 있었지만, 버스중앙전용차로를 제외하면 제대로 설치된 것도, 기능을 발휘한 것도 드문 것이 현실이다. 불확실한 가능성에 기대기보다는 확실한 수단에 기초해 신도시 조성과 관련한 교통 문제를 해결하고자 한다.

네 번째는 여러 가지 용도가 적절하게 섞인 용도구역을 만들어야 한다는 것이다. 강남역을 비롯한 서울의 활기 넘치는 지역들을 살펴보면 주택, 상업, 업무 등이 한 지역에 섞여 있다. 조금은 정신없어 보이기도 하지만 분리가 아닌 혼재가 활력을 만들어내는 요소임은 분명하다. 신도시가 활력이 없고 재미없는 이유는 바로 여기에 있다. 색깔로 딱딱 구분된 그런 도시가 아니라 각기 다른 색깔의 점들이 모여 하나의 모습을 만드는 도시가 되도록 해야 한다.

광명 신도시는 제2의 판교가 될 수 있을까?

요즘 많이 받는 질문이다. 아파트만 많이 들어서는 신도시가 아니라 판교와 같이 좋은 직장과 일자리가 넘쳐나는 곳으로 만들면 좋겠다는 이야기다. 나 역시 제일 고민하는 과제다. 베드타운으로 시작된 광명시가 새롭게 도약할 수 있는 기회가 되려면 신도시가 판교 같은 자족형 도시가 되어야 한다.

판교는 운이 참 좋았다. 당시 경기가 좋지 않아 저렴한 가격으로 토지를 분양할 수 있었고, 이것이 기업을 유치하는 데 큰 도움이 되었다. 강남과 가까운 거리에다 분당이라는 양호한 배후지의 존재도 서울의 기업들이 쉽게 이곳으로 옮기는 결정을 할 수 있도록 도와주었다. 거기에 더해 스마트폰, 그리고 앱이라는 새로운 IT 생태계가 출현하면서 판교는 새로운 변화를 담아내는 그릇이 되었다. 게다가 주변에 확장을 위한 공간까지 있었으니, 그 경쟁력은 지금까지 유지되고 있다.

지도를 펴놓고 보면 광명 신도시는 정말 좋은 위치다. 서울과 가깝고 철도와 고속도로 등 기존의 교통망도 갖춰져 있다. 나는 광명이 복잡해진 안양천 너머의 구로디지털단지나 가산디지털단지를 대체할 수 있는 쾌적한 IT 업무타운이 될 수 있다고 생각한다. IT 기업들뿐만 아니라 도심형 제조업과 제조 창업이 공존하는 곳으로 만들어 다양한 일자리와 미래를 위한 새로운 혁신과 변화의 중심 공간으로 만들고 싶다.

그렇게 되기 위해서는 도시의 공간구조를 잘 짜야 한다. 여러 기능들이 잘 어우러질 수 있도록 가깝게 있어야 하고, 그러면서도 각각의 기능을 손상하지 않을 만큼 거리를 유지해야 한다. 10년을 내다보고, 그때의 변화에 걸맞은 도시를 만들어야 한다. 지금 좋아 보이는 형태가 정답은 아니다. 한꺼번에 채우기 위해 노력하기보다는 미래의 흐름을 받아들일 수 있을 만큼의 여유를 남겨놓고 변화하는 수요를 충족시킬 수 있는 도시를 만드는 것이 나의 꿈이다. 그러기 위해서 LH에만 맡겨놓지 않고 자체적인 용역을 발주해서 전문가 의견을 듣는 중이다. 인접한 시흥시와도 이야기를 나누어야 한다.

그러나 15년 전의 판교와 달리 지금은 경쟁자가 너무 많아졌다. 수도권에서 건설되는 신도시들은 모두 다 우리의 경쟁자다. 아직 삽도 뜨지 않았지만, 나뿐만 아니라 다른 지자체 시장님들도 기업을 유치하기 위해 뛰어다니고 있다. 광명 신도시는 규모가 큰 만큼 고려하고 신경 쓸 것도 많아서 하남 등 다른 신도시 예정지에 비해 진행 속도가 느린 것이 사실이다. 예전 같으면 기업 유치에 별로 신경을 쓰지 않았을 안양, 과천과 같은 인접한 도시들도 최근 지식정보타운, IT센터 등을 건설하고 기업 유치에 나서고 있다. 어쩌면 경기도에 있는 모든 지자체가 광명의 경쟁자처럼 느껴지기도 한다.

자족 신도시를 위한 구상

새로 들어서는 광명 신도시를 직장과 주거가 한 곳에서 해결되는, 그래서 통근 거리도 짧고 가족과 함께 보내는 시간이 많아지는 도시로 만들기 위해 노력하고 있다. 공원과 녹지 비중을 높이고 깨끗한 하천이 흐르는 공간을 만들기는 비교적 쉽다. 문제는 '일자리'다.

나는 신도시 건설 이전 단계부터 기업을 유치하기 위해 노력하고 있다. 광명은 서울 서부의 아주 좋은 위치에 있다. 더군다나 서울과 경계를 접한 지역에 대규모 토지를 확보하는 것은 매우 드문 기회이기 때문에 많은 기업이 긍정적인 반응을 보이고 있다. 인접 지역뿐만 아니라 멀리 떨어진 곳의 기업들도 수도권에 R&D 센터를 건설하고 좋은 인력을 확보하고 싶은 욕구가 크기 때문에 다양한 업종으로 구성된 균형 잡힌 산업구조를 가진 신도시를 만들 수 있다. 인접한 서울과 수도권뿐만 아니라 경상도, 전라도 등 먼 곳의 기업들과도 만남을 이어가고 있다. 무엇을 필요로 하는지를 알아야 서로가 도움을 주고받으면서 성장할 수 있기 때문이다.

기업들과 이야기해 보면 가장 필요한 것은 좋은 인력의 확보라는 걸 느낄 수 있다. 이러한 경향 때문에 수도권 집중이 강해지고 있는 것이다. 대학 또는 그에 상응하는 연구기관 등을 확보해야 장기적으로 광명과 신도시가 성장할 수 있다. 그래서 실속 있고 효과적인 방안이 무엇일지에 대해 고민하고 있다.

신도시를 통해 주어진 기회를 잘 활용한다면, 집만 빼곡한 베드타운 광명에서 벗어나 많은 일자리와 새로운 산업이 시작될 수 있는 자족도시로 만드는 게 불가능한 꿈이 아니다. 이 때문에 전문가들의 자문을 끊임없이 듣고 있다. 글로벌 문화도시를 위한 엔터테인먼트 집적단지를 조성해야 한다는 의견 등 다양한 제안을 접하고 있다. 제3기 신도시를 수도권 핵심도시로 만들기 위해서다.

기존 시가지와의 조화

광명시는 탄생부터 지금까지 철산을 시작으로 하안, 소하, 광명역세권으로 이어지는 지속적인 확장을 경험해왔다. 여기에 더해 최근에는 대규모 재건축과 재개발을 통해 기존의 구조가 변화하는 것도 경험하고 있다. 경륜장과 광명역, 코스트코, 이케아 등 다른 도시에는 하나만 있어도 부러워할 많은 시설을 갖추고 있는 곳이 광명이다.

대규모 변화에 익숙하다고 생각하지만 이번에 새롭게 들어서는 신도시는 기존의 변화를 모두 합한 것보다 더 큰 변화를 가져올 것이다. 단기간에 대규모 토지에 건물과 도로가 들어서는 물리적 변화뿐만 아니라 늘어나는 인구는 광명시의 사회·경제적 환경을 크게 변화시킬 것이다.
문제는 신도시와 기존 시가지의 조화다. 광명시 중앙을 남북으로 가로지르는 산들로 인해 서쪽에 들어서는 신도시는 기존 시가지와 분리되기 쉽다. 이 문제를 해결하기 위해서는 동서로 연결되는 교통망을 어떻게 확충할 것인지가 관건이다. 기존 시가지의 도로망에 과도한 혼잡이 생기지 않도록 하면서 신도시와 기존 시가지가 적절하게 연결되도록 하는 방안을 놓고 관련기관 및 전문가들과 계속 협의하고 있다.

기존 시가지의 시설을 잘 활용해 신도시에 필요한 각종 서비스를 제공하는 방안도 고민하고 있다. 전통시장을 비롯한 각종 상업활동이 위축되지 않으면서 신도시 입주 주민들에게 편의를 제공할 수 있는 상호 이득 방안을 찾기 위해 노력하고 있다.

광명시가지를 걷다 보면 우리나라 도시 발전의 모든 모습이 빼곡하게 자리 잡고 있음을 실감하곤 한다. 1981년 시 개청부터 2021년까지 시대의 모든 모습이 넓지 않은 광명시 곳곳에 그 모습을 남기고 있다. 40년 동안 만들어온 광명을 미래의 변화에 맞춰 바꿔나가는 것은 꼭 필요한 일이다. 미래를 내다보는 큰 그림을 그릴 수 있어야 하고, 거기에 맞는 조각들을 찾아 집어넣기 위해 노력해야 한다. 광명의 미래 모습에 대해 더 많이 고민하고, 더 많은 이야기를 듣기 위해 노력해야 한다.

우리가 함께 고민하고 노력하는 만큼 광명시 그리고 새롭게 만들어질 광명 신도시는 좋은 곳이 될 것이고 광명의 밝은 미래를 만들어 나갈 수 있을 것이다.

개발과 보존의 이분법을 넘어선 광명시의 도시재생

광명시는 1960년대 구로 수출 공단 직원들의 주거지 조성과 서울 철거 이주민의 수용을 위해 개봉·광명 택지조성사업으로 개발되었다. 목감천을 넘어서 서울 개봉동과 맞닿아 있고 안양천을 사이에 두고는 구로구와 금천구에 면해있는 광명은, 서울과 수도권의 주택공급을 위해 순차적으로 개발되고 확장됐다. 지금도 많은 광명시민은 서울과 인근 경기도 시군에 직장을 가지고 출퇴근하고 있다.

우리나라의 경제가 고도로 성장하던 시절, 서울과 수도권의 급격한 인구 증가는 광명시에도 큰 영향을 주었다. 1981년 개청 당시 인구 8만 명이었던 광명시는 2021년 현재 30만의 중소도시로 성장했다. 인구의 급증으로 주택이 부족했던 서울의 주거 기능을 보조하기 위해 광명 원도심도 매우 밀도 높은 도시로 변해갔다. 작은 단독주택을 쪼개고 쪼개어 많은 세대가 거주하게 되었고, 시에서도 밀도 높은 공동주택을 공급하는 것을 목표로 삼아 왔다.

시대가 흘러 자동차 소유가 보편화되고 주택에 대한 주민들의 눈높이가 높아지면서 기존 원도심의 주거환경을 개선하고자 하는 시민들의 목소리도 높아져 갔다. 이러한 시대적 흐름에 따라 대한민국을 휩쓸었던 뉴타운 바람이 광명에도 불어와 2000년대 후반, 저층 주거지로 조성된 광명동 대부분 구역을 재정비촉진지구로 지정하여 23개 구역을 지정하기에 이르렀다. 도시에 대한 철학이나 관리방안이 성숙하지 않았던 당시 뉴타운은 만병통치약처럼 수도권 도시 대부분에 뿌려지기 시작했다.

하지만 국제 금융위기로 인한 부동산 경기 침체로 뉴타운 사업은 암초를 만나게 되었고, 광명 역시 다양한 이해관계를 고려하지 않은 뉴타운 사업으로 갈등의 소용돌이 속으로 빠져들었다. 그전까지 이웃사촌으로 희로애락을 나누었던 주민들은 자신의 이해관계에 따라 갈라지고 나누어져 싸우기 시작했고, 일부 지역에서는 개발을 원하는 주민들끼리도 서로 나누어져 갈등이 증폭되고 심화하여 갔다. 결국 광명 뉴타운은 총 23개 구역 중 12개 구역이 해제되고, 지역공동체는 씻을 수 없는 상처를 얻게 되었다.

민선 7기의 시작, 도시재생 현장을 걷는다

광명시장 취임 후에 제일 먼저 도시재생 지역을 방문했다. 2018년 8월, 뜨거운 햇빛 아래 이마 위로 흐르는 땀을 닦아가며 뉴타운 해제지역 중 주거환경이 가장 열악한 광명3동(6구역)과 광명7동(13구역) 구석구석을 방문했다. 이날 처음 만난 주민은 해제된 6구역에 재개발을 다시 추진하려는 추진위원장이었다. 광명7동의 거리에서 만난 3명의 젊은 여성분들 역시 광명7동(13구역)의 재개발 동의서를 받으러 다니시는 분들이었다.

이분들은 뉴타운 해제지역에 재개발을 다시 추진할 수 있게 해달라는 말씀을 주셨다.

그분들을 만나고 길을 돌아서는데 대문 앞에서 서 계신 어르신을 마주쳤다. 그 지역의 노인회장이었고 뉴타운 13구역 해제를 주도하셨던 그분은 저에게 개발로 인한 갈등보다는 주민들이 떠나지 않고 오래 머물러 살 수 있는 도시를 만들어 달라고 부탁했다. 뉴타운이 해제되고 약 4년의 세월이 흘렀지만, 지역에서는 여전히 개발을 둘러싼 다양한 이해관계가 강하게 충돌하고 있음을 현장에서 확인할 수 있었다.

현장 방문 후 바로 도시재생을 위한 시정 기자회견을 단행했다. 나는 이 자리에서 뉴타운 해제구역을 포함한 노후 저층 주거지역에 대해 도시재생 사업을 통해 공동체를 활성화하고, 주민들이 필요한 생활 SOC 시설을 공급하며, 주민들이 주도하는 주거환경을 개선하겠다는 방침을 밝혔다. 특히 주민들이 가장 많이 요청하는 주차장 공급과 더불어 주거복지와 청년주거 안정을 위해 사회주택의 보급과 청년 주택의 보급도 함께 추진하겠다고 약속했다.

도시재생의 첫걸음, 거버넌스의 구축

도의원 시절부터 나는 공동체 기반의 도시재생 추진을 위해 도 의회 내에 도시재생 기획단을 운영했다. 광명을 비롯한 경기도의 여러 시군이 뉴타운 사업으로 극심한 갈등을 경험했고, 더 혁신적인 도시재생 방식이 필요하다는 인식을 같이했다. 주민이 주도하고 지역공동체를 활성화하는 도시재생을 추진할 수 있도록 인식을 확산하고, 거버넌스를 구축하는 방식을 제안하기도 했다. 그리고 광명시장에 출마하면서 도시재생을 기획하고 이끌 수 있는 기획단 설치의 필요성을 가장 먼저 주장했다. 물리적인 재생에 앞서 먼저 지역의 갈등을 봉합하고 공동체를 회복하는 것이 가장 필요하다고 생각했다.

민선 7기 첫해 광명시 도시재생 전략계획 수립을 위한 주민 공청회를 개최했다. 300명이 넘는 시민들이 시민회관을 꽉 채우고 열띤 토론에 들어갔다. 수면 아래로 가라앉았던 갈등이 다시 수면 위로 올라오는 순간이었다. 주민들은 정확히 반으로 나뉘어 개발 찬성과 반대를 외쳤다. 뉴타운이 해제되고 약 4년의 세월이 흘렀지만, 여전히 해결되거나 해소되지 않는 갈등을 보면서 다시 한번 깊은 고통을 경험했다. 사업을 만들고 추진하는 것보다 지역 내 갈등을 완화하고 격렬한 주민 간 싸움을 가라앉히는 것을 우선순위에 두게 되었다.

그래서 도의원 시절부터 주장했던 광명시 도시재생 기획단 조직에 착수했다. 우선 도시재생 기획단이 실질적으로 힘을 갖고 운영될 수 있도록 광명시장인 내가 직접 도시재생 기획단장을 맡기로 했다. 그리고 명망 있는 외부 전문가를 모시기 위해 우리나라 도시재생을 이끄는 교수들을 직접 만났고, 황희연 충북대학교 명예교수를 우리 시 도시재생 조정관으로 모실 수 있었다.

기획단을 광명시 도시재생 총괄기획단이라고 명명하고, 많은 전문가와 주민들과 함께 광명시 도시재생의 방향을 논의하고 토론했다. 한양대학교 구자훈 교수, 중앙대학교 배웅규 교수, 단국대학교 김현 교수, 호남대학교 전광섭 교수 등, 많은 분이 아낌없는 조언을 해 주셨다. 특히 우리 시와 같이 개발압력이 높은 지역의 도시재생이 성공하기 위해서는 적극적으로 물리적 환경을 개선하는 사업을 함께 추진해야 한다는 의견을 많이 받았다.

민선 7기를 이끌면서 가장 큰 성과 중의 하나는 시민들과 토론문화를 정착시켰다는 점이다. 도시재생을 추진하면서도 여러 차례 토론회를 개최했다. 주민들은 지역 내 부족한 생활SOC 시설을 확충과 더불어 오리 이원익 서원이나 기형도 문학관 등의 지역 자원을 활용한 장기적인 도시 경쟁력 강화 방안을 제안했다. 토론회의 가장 큰 성과는 단순히 도로를 확장하거나 주차장을 만들어 달라는 요구를 넘어서, 주민들이 스스로 공동체를 활성화할 수 있는 공간과 주민 활동의 거점을 만들기 위해 같이 논의했다는 것이다. 주민들은 스스로 어느 지역에 어떤 시설이 들어오면 좋을지 열띤 토론을 했고, 그 공간을 어떻게 운영하면 좋을지에 대한 아이디어도 제안했다. 갈등을 완화하기 위해 시작된 거버넌스는 지역문제 해결에까지 관심을 두고 참여하는 데까지 발전하기에 이르렀다.

광명 골목 숲, 골목에 도시재생의 꽃이 피다

광명동 원도심은 좁은 골목에 다가구 다세대가 밀집된 곳이다. 좁은 골목에 주차장도 부족하니 이웃 간에 주차 문제로 다툼이 많이 일어나고 지나가는 어린이들의 안전에도 문제가 발생한다. 한번은 다가구 주택에 화재가 발생했는데, 골목에 주차된 차량으로 큰 인명피해가 일어난 일이 있었다. 이 일로 그 골목에 살고 계시던 어르신 한 분이 골목에 화분을

내놓고 담벼락에 실리콘으로 시를 쓰기 시작했다. 그 골목 통장님도 마음을 모아 골목에 주차하지 말자고 주민들을 독려했고 결국 차 없는 골목을 만드는 데 성공했다.

주민들은 여기서 멈추지 않고 한 걸음 나아가 골목에 화단을 만들어 아름답게 꾸미고 싶어 했다. 당시 화초를 가꾸고 담벼락에 시를 쓰셨던 어르신과 그 골목 통장님이 시청을 찾아와 도움을 요청했다. 주민들과 시청 도시재생과, 광명3동 동사무소가 함께 모여 사업계획을 만들었고, 국토교통부 소규모재생 사업에 선정되어 예산을 확보할 수 있게 되었다. 넓지 않은 골목이지만 골목과 담벼락에 화단과 쉼터도 만들었고, 아이들과 여성들의 안전을 위해 로고젝터와 CCTV도 설치했다. 나는 이 골목에 "광명 골목숲"이라는 이름을 붙였다. 지금은 골목숲이라는 이름이 광명시의 브랜드가 되어 전국 도시재생의 사례지로 소개되는 명소가 되었다.

안타깝게도 처음 화분을 내놓고 벽에 시를 쓰셨던 이창섭 어르신은 새롭게 변화된 골목을 보지 못하고 돌아가셨다. 하지만 이 골목은 이제 차가 아닌 꽃향기와 나비와 벌이 찾아오는 골목이 되었다. 따뜻한 봄이면 젊은이들이 와서 사진을 찍기도 하고, 방과 후 학생들이 쉬어가기도 한다. 그리고 아침저녁으로 통장님과 주민분들은 꽃과 화분에 물을 주며 골목을 함께 가꾸어 가고 있다.

너부대, 무허가주택이 도시재생의 씨앗이 되다

너부대는 목감천 변에 있는 벌판으로, 구릉지가 많은 광명시 지형 특성상 마을이 조성되기 좋은 조건이었다. 목감천을 사이에 두고 서울 천왕동과 맞닿아 있는 너부대는 광명에 남아 있는 마지막 무허가주택 지역 중 하나였다. 여름 홍수철이 되면 상습적으로 침수가 되어 주거환경이 매우 열악한 지역이지만 마땅한 대책 없이 방치된 곳이었다. 시는 오랜 시간 적절한 대안을 찾지 못하다가, 문재인 정부 들어와서 시작하게 된 도시재생 뉴딜을 통해 이곳의 문제를 해결하는 방안을 제시하게 되었다.

사업의 내용은 무허가지역 옆 시유지를 이용해 이주 순환 주택을 조성하여 무허가 철거이주민들을 수용하고, 무허가주택은 철거하여 청년들이 입주할 수 있는 행복주택을 건설하여 지역을 활성화한다는 것이 핵심이다. 이 사업은 도시재생 뉴딜로 추진하는 가장 규모 있는 임대주택 사업

으로, 이주 순환 주택을 처음으로 도입하는 획기적인 사업이었다. 복잡한 토지지분 구조와 한국전력 매설물로 사업이 지연되긴 했으나, 주민들과 함께 광명시를 변화시키는 첫걸음을 내디뎠다는 점에서 매우 의미 있는 도시재생의 시도로 평가된다. 사업이 완공되면 서울의 구로구 천왕동에서 넘어오는 광명시 북서부의 관문에 너부대 공원과 더불어 광명을 보여주는 좋은 이미지가 만들어질 것으로 기대한다.

광명3동, 본격적인 광명의 주거재생이 시작되다

뉴타운에서 해제된 광명3동은 지하철 7호선 광명사거리역과 광명시청 사이에 있는 곳으로 구릉지에 저층 주거지역이 모여 있는 곳이다. 급격한 경사로 구릉지 상부에 있는 주택들은 차량 진입이 어려운 곳이 꽤 있고, 겨울철 길이 얼어붙기라도 하면 어르신들의 낙상사고가 빈번히 일어나는 곳이기도 하다. 원래 LH(한국토지주택공사)의 전신인 주택 공사가 택지를 조성하다가 지하의 단단한 암반으로 택지조성을 중단한 곳으로, 1970년대 만들어진 도시 구조가 아직 그대로 남아 있는 매우 열악한 지역이다.

뉴타운 사업이 가져온 부작용을 극복하기 위해 도시재생 뉴딜은 물리적 환경개선보다는 공동체와 원주민 정착에 많은 강조점을 두었다. 그러다 보니 주거환경이 열악한 지역의 도시재생 사업에서 주민들의 기대를 충족시키지 못하는 어려움을 겪은 것이 사실이다. 여기에 부동산 가격의 급격한 상승은 지역을 강한 개발압력으로 몰아넣었다. 애초에 목표했던 주민 갈등의 완화와 공동체의 활성화, 원주민 주도의 도시재생은 강한 개발 요구에 묻혀 쉽게 앞으로 나아가지 못했다.

광명3동 역시 강한 재개발 요구에 직면했다. 시는 도시재생지원센터를 통해 주민교육과 공동체 활성화 사업에 나섰지만 1970년대 만들어진 주거지의 구조가 그대로 살아있는 구릉지의 주거환경을 획기적으로 개선할 방법이 마땅치 않았다. 그러던 차에 정부의 도시재생 정책이 물리적 개선사업을 받아들일 수 있는 방향으로 다변화되기 시작했고, 이 지역의 문제를 해결할 수 있는 법적 토대가 점차 마련되기 시작했다. 시는 주민들과 힘을 합쳐 주거환경이 가장 열악한 구릉지에 가로주택정비사업을 추진하기로 했다. 시는 이 사업을 중심으로 청년 주택사업, 행복마을 관리사업, 집수리사업, 골목환경 개선사업 등을 포함한 활성화 계획으로 도시재생 뉴딜 사업에 선정되게 되었다.

이 사업은 전국에서 최초로 규모 있는 소규모주택정비사업(약 20,000㎡ 규모)을 포함한 도시재생 사업으로, 지역의 개발압력을 어떻게 도시재생 사업 내에 수용할 수 있을지를 오랜 기간 고민하고 토론해 온 결과이다. 여러 차례의 토론과 간담회, 도시재생 대학을 진행했을 뿐 아니라, 일선의 담당 공무원들과 센터 직원들은 주민들과 사적인 자리를 만들어 논의와 설득을 이어갔다. 주민들의 요구 사항에 대해 2년여의 기간 동안 현행법과 제도 아래에서 현실적인 대안을 찾아가는 노력을 기울였다. 처음에는 반신반의하던 중앙정부도 짧은 시간 내에 조합이 설립되고 사업이 추진되는 것을 보면서 광명3동을 주거지 재생의 가장 선도적인 사업으로 꼽고 있다. 무섭게 밀려드는 개발압력에 대해 시는 주거지 재생의 실마리를 잡게 되었다.

새터마을, 개발과 보존의 이분법을 넘어선 도시재생

과거 뉴타운 13구역이었던 새터마을도 광명3동과 마찬가지로 계속해서 극심한 부동산 개발압력 아래 놓여 있었다. 광명3동은 가용할 수 있는 국공유지가 있었지만 새터마을은 그마저도 마땅치 않은 곳이었다. 활성화 지역 내 위치한 광명남초등학교의 공간을 활용할 수 있는 방안을 찾기 위해 여러번 광명교육청과 광명남초등학교와 협의를 시도했지만, 교육청의 소극적 태도로 그 어떤 해결책도 찾을 수 없었다. 활용 가능한 부지가 절대적으로 부족한 상황에서 개발을 둘러싼 갈등까지 심화되고 있어 도시재생의 계획을 수립하고 중앙정부 공모사업에 신청하는 것조차 너무나 어려웠다. 그래서 시는 본격적으로 부동산 매입에 나섰고, 현장지원센터로 활용하고 있는 부동산을 매입했다. 매입한 부동산을 중심으로 시는 본격적으로 도시재생 활성화 계획 수립에 나섰다.

그러던 차에 정비사업을 원하시는 주민들을 중심으로 경기도시공사의 가로주택정비사업 공모에 참여했다. 이 지역은 상가주택과 근린생활시설이 곳곳에 산재되어 있어 부동산 개발을 둘러싼 이해관계가 복잡한 곳이었다. 주민들과 시, 경기도시공사가 함께 머리를 맞대어 적절한 개발 방안을 찾기 시작했고, 주민들은 개발할 수 있는 구역과 개발의 방향을 결정했다.

문제는 공기업인 경기주택 도시공사에서 발생하기 시작했다. 주민들의 공모 신청을 받고 사업참여 결정을 차일피일 미루던 공사는 결국 1년 만에 사업참여를 포기했다. 주민들의 열망을 외면할 수 없었던 나는 경기도시공사 사장에게 직접 서한문을 보내고 통화도 했지만, 경기도시공사는 결국 시와 주민의 요청을 외면했다. 다행히 중앙정부의 3080+ 주택 공급방안에 소규모주택정비관리지역 제도가 신설되면서 공사가 외면한 새터마을에 민간 주도의 도시재생 사업을 추진할 수 있게 되었다. 결국 2021년 국토교통부 2차 선도지역으로 선정되면서, 1970년대 지어진 빌라가 포함된 가장 열악한 주거지역의 정비가 가능하게 되었다

이 지역 도시재생의 가장 긍정적인 부분은, 뉴타운과 같은 광역개발이 어려운 지역에서 주민들의 이해관계에 따라 공동주택으로 개발할 지역과 도시재생으로 점진적인 개선을 추구하는 지역을 구분할 수 있었다는 점이다. 개발과 보존이라는 극단적인 대립을 넘어서, 가장 열악한 지역에 대한 개발사업과 더불어, 존치되는 지역에 도시기반시설 설치와 공동

체 활성화 사업을 통해 도시재생 뉴딜이 궁극적으로 추구했던 주민이 주도하는 지역 개선에 다가설 수 있게 되었다. 또한 개발하는 지역과 관리하는 지역이 개발 이익을 함께 공유하고 도시의 균형을 추구할 수 있는 기틀을 마련했다는 것이 가장 큰 성과일 것이다. 이 사업 역시, 도시재생 사업에 소규모주택정비관리지역을 결합하여 주민들의 개발 수요를 적절하게 활용한 도시재생 사업으로 전국 최초의 사례가 되었다.

물론 공동체 활성화와 주민주도의 지역관리라는 도시재생의 목표에 비해서 가야 할 길이 아직도 많이 남아 있다. 개발을 둘러싼 극심한 갈등의 한 복판에서 도시재생지원센터는 현장에서 계속해서 주민들의 진솔한 삶의 이야기를 듣고 있다. 새터마을의 주민들은 스스로 변해가는 마을의 기록을 남기기 위해 사진을 찍고 그림을 그리고 있으며, 자신들의 구술 기록을 만들어 가고 있다. 어렵게 얻은 공동이용시설에 직접 페인트를 칠하고 가구를 만들어 꾸몄다. 마을기업을 만들어 스스로 마을을 관리하는 방법을 만들어내고 있다. 우리가 개발압력에도 불구하고 일관되고 지속적인 도시재생을 추구할 수 있었던 것은, 목소리를 내지 않고 동네에서 묵묵히 공동체와 마을을 가꾸어 가는 주민들의 힘 덕분이다.

광명시 도시재생의 미래, 지속가능한 재생을 위한 노력

지난 4년간 광명시의 도시재생은 문제를 수면 위로 드러내고 그 문제를 해결하기 위해 치열하게 싸웠던 시간이었다. 광명시는 이 기간을 통해 우리만의 주거지 재생의 방법과 노하우를 갖게 되었다. 처음에는 개발수요에 대한 미숙한 대응으로 어려움을 겪었으나, 이제는 개발수요를 어떻게 받아들이고 적절하게 조절할 수 있는지도 알게 되었다. 그리고 사업의 계획과 실행 방식에도 여러 노하우가 쌓이게 되었다.

무엇보다도 가장 큰 성과는 도시재생지원센터를 중심으로 한 체계적인 주민지원 시스템이 갖춰지게 된 것이다. 지역 내에 주민협의체를 지원하고 역량강화사업을 체계적으로 진행할 수 있는 노하우 뿐 아니라, 지역과 상황에 맞게 탄력적으로 주민들의 도시재생 수요에 대응할 수 있는 프로그램과 체계를 갖추게 되었다. 집수리, 소규모주택정비사업, 주민공모사업, 공동주택리모델링 지원사업, 세입자를 위한 주택학교 등, 도시재생의 주민수요에 대응할 수 있는 프로그램을 구축해 왔고, 앞으로 그렇게 할 것이다.

부동산 경기의 변화에 따른 개발수요나 주민수요의 변화가 도시재생에 영향을 줄 수 있다는 교훈을 통해, 도시와 마을이 지속하고 광명시가 경쟁력을 가지려면 외부 여건에 흔들리지 않는 도시재생 지원체계와 행정시스템을 구축해야 한다는 것을 깨달았다. 지난 4년간 광명시 도시재생의 시간은 이러한 체계를 구축했다는 점에서 매우 소중한 시간이었다.

시대와 사회적 여건의 변화에 따라 도시재생의 목표와 방식도 변화해 가고 있다. 하지만 지금도 원주민이 떠나지 않고 지역공동체가 활성화되는 도시재생에 대한 나의 신념은 변하지 않고 있다. 도시재생이 여전히 우리 사회에 필요하고 가치가 있는 것은, 부동산 개발과 수익 창출에 앞서 이 도시에 사는 사람이 중요하기 때문이다. 도시도, 집도, 상가도 모두 사람을 위해서 존재한다. 할 수 있는 한, 광명에 살는 시민들과 계속해서 함께 하고 싶다. 광명시에서 지금까지 살아오신 분들, 그리고 앞으로 살아갈 시민들과 함께 어우러져 오랫동안 행복하게 살아가는 터전을 가꾸어 간다는 생각은 앞으로도 흔들리지 않을 것이다. 이것이 내가 광명에서 도시재생을 포기하지 않는 이유다.

3장

사람, 공감, 가치

시민이 주인인 도시 광명– 주민자치의 시대를 열다, 시민참여 자치분권도시
우리 삶을 바꾸는 자치분권 시대를 만들자 – 자치분권 도시
'시민의 한 사람으로 존경받고 있는 것 같아 기뻐요.' – 시민참여 자치분권 도시
지속가능발전도시를 위한 민선 7기의 도전 – 지속가능도시
미래세대에게 기후위기 없는 쾌적한 광명을 물려주자 – 탄소중립 선도 도시
주권자가 똑똑해야 나라가 편하다 – 평생학습도시 광명
일상에서 누리는 생활문화시대를 열자 – 시민이 만들어가는 문화도시 광명
사는 곳이 바로 휴식공간이 된다 – 정원문화도시
자족도시로 도약하는 광명시 – 경제도시
광명시 사회적경제의 꽃이 피어납니다 – 사회적 경제 도시
'혼자만 잘 살믄 무슨 재민겨' – 함께 잘사는 복지도시 광명
KTX 타고 평양으로 소풍가는 날을 꿈꾼다 – 평화도시
청년이 광명의 미래다 – 청년들이 직접 만드는 「청년 공감 정책」
사통팔달 안전하고 편리한 교통환경 – 교통도시 광명
퇴근길이 힐링의 공간이 된다 – 도시 비우기
당신은 태어날 때부터 자유롭고 존엄합니다 – 인권도시 광명의 미래

먼저 시민이 주인이 되는 시민 주권시대를 열겠습니다.
자치분권은 민주주의이고 민생입니다.

'광명시의 모든 주권은 광명시민에게 있고
모든 권력은 시민으로부터 나온다.'

사람과 공감, 가치를 생각해 봅니다.

시민이 주인인
도시 광명

– 시민자치의 시대를 열다, 시민참여 자치분권도시

광명시에 헌법이 있다면?

"광명시의 모든 주권은 광명시민에게 있고
모든 권력은 광명시민으로부터 나온다"

대한민국 헌법 제1조.
대한민국의 주권은 국민에게 있고 모든 권력은 국민으로부터 나온다.
대한민국 헌법 제1조를 모르는 사람은 아무도 없을 것이다. 지금 시대에는 너무도 당연한 이야기이지만 긴 역사를 놓고 보았을 때, 국민주권 개념이 우리 역사에 뿌리내린 지는 긴 시간이 지나지 않았다. 불과 100여 년 전 조선 말기에만 해도 국민주권은 고사하고 전체 인구의 절반 가까이가 노비로 태어나고, 노비로 생을 마치는 것을 넘어 그 자녀마저도 노비로 신분이 대물림되는 시대였다

일제로부터 해방이 되고 많은 사람의 희생 위에 '민주공화제'가 탄생했다. 지금은 흔한 단어가 되어버렸지만, 과거 시대에는 그런 개념조차 없

고 혹여 그런 개념을 얘기하는 사람은 역모죄로 목숨이 부지되기 어려웠을 것이다. 그 당시야 주권이 무엇인지 알기 어렵고 논할 수 없으니 그렇다 치더라도 지금은 너무 당연하여 잊고 살고 있으니 소중한 가치를 잘 모를 수밖에 없다. 또 과거 군사정권 시절에는 '민주주의가 밥 먹여 주냐?' 하던 시대도 있었다. 독재 정권을 죽어라 방어하던 시대였으니 그런 말이 나왔을 수도 있겠다 싶다.

사실 나 역시 긴 세월을 민주주의를 위해 노력했지만, '민주주의가 밥을 먹여준다'는 말을 피부로 느끼지는 못했다. 오랜 세월 광명시민으로서 나라에 일이 있을 때마다 때로는 시위하고 때로는 촛불을 들었고, 지방의원 시절부터 누구보다 지방자치와 주민자치에 누구보다 골몰해 왔는데도 말이다.
하지만 이제 나는 '민주주의가 밥 먹여 준다'라고 생각한다.
프랑스의 사상가 루소는 개인들이 모여 정부를 만든 이유가 '자기 자신의 재산을 지키고, 이익을 지키고, 우리 마을의 이익을 더 잘 실현하기 위해'라고 했다. 개개인 자신의 소중한 '주권을 공동체에 양도한 까닭'이 '더 큰 이익을 위해서'라는 것이다.

다시 말해, 우리 광명시민의 '이익을 실현'하기 위해 헌신적으로 노력하는 것이 '자치'이고 '주권 실현'이다. 어떻게 해야 정부를 만들어 준 시민의 목소리가 더 크게 울려 퍼지고, 또 어떻게 해야 서로 타협점을 찾으며 공동의 노력을 기울일 수 있을까?
오랜 중앙집권체제에서 관료로 살아온 공무원들이 주민의 공복임을 알고, 주민의 삶과 우리 광명의 이익과 발전을 위해 헌신할 것인가?

결국 민주주의란 나의 이익을 일방적으로 양보하는 것이 아니라 '공동의 가치를 키움으로써 나의 편익이 더 커지는 일'이니 그것이 어찌 '밥 먹여 주는 일'이 아닐 수 있나 말이다.

'지방자치는 민주주의의 기둥입니다'
수년 전 만난 외국인이 당연하다는 듯이 말한 이야기이다. 늘 관심이 지방자치와 주민 주권에 있었지만, 그 말을 듣는 순간 머리가 맑아졌다.
'그렇구나! 지방자치를 잘해야 비로소 민주주의의 뿌리가 바로 내리고, 시민의 삶의 질이 높아지겠구나.' 지방자치를 '풀뿌리 민주주의'라고 괜히 말하겠는가.

한국의 지방자치 훑어보기

얼마 전 MBC가 지방자치 30주년을 맞아 기획한 '국민이 만드는 나라' 프로그램에 초청되어 방송토론에 참여한 적이 있다. 나는 그때에도 우리나라 지방자치가 제헌헌법에도 명시되어 있음을 역설했었다.
우리나라의 지방자치는 1948년 제정된 제헌헌법부터 시작한다. 1949년에는 지방자치법이 제정되었으며, 이 법에 따라 지방의회가 구성되었다. 1960년 4·19혁명 후 만들어진 제2공화국에서도 지방의회의 구성은 물론 모든 기초단체장을 직선으로 선출하도록 하였으나, 이듬해 5.16쿠데타로 지방의회는 해산되었다. 제3, 4, 5공화국 헌법 본문에는 지방의회를 두도록 하였으나 부칙에 유보조항을 두어 지방자치가 실시되지 못하게 한 것이다. 민주화의 흐름에 따라 1987년 제정된 헌법에서 지방의회 구성에 관한 유보조항을 삭제하여 1991년 비로소 30년 만에 다시 구성하였고 그로부터 다시 30년이 흘러왔다.

하지만 지방자치제도가 크게 바뀐 것은 아니다.
지방자치단체의 조례는 '지방자치단체는 법령의 범위 안에서 제정'할 수 있다고 단서 조항을 두어 '전래권 설 : 자치권은 국가에서 준 권한'의 틀을 유지하고 있다. 숫자상으로만 본다면 5천 개가 넘는 (법률 1,500여 건, 대통령령 1,774건, 총리령 90건, 부령 1,275건) 입법뿐만 아니라 행정부의 통제 아래 놓여있다. 지방 국민의 자치로 주민의 의사에 의해 움직이는 것이 아니라 헌법–법률–명령(대통령령–총리령–부령)으로 옥죄고 있어야 한다.

이뿐만 아니라 헌법상의 조세법률주의, 죄형 법률주의 때문에 지방의회의 조례로써는 주민에게 의무나 부담을 지우는 어떤 행위도 법의 위임 없이는 원천적으로 불가능하다.

재원의 경우는 국가 위주의 재원 배분으로 인하여, 대부분의 지방정부는 지방교부세나 국고보조금 없이는 살림살이가 불가능하다. 세원도 조세법률주의에 따라 발굴하거나 증감할 수가 없고, 오직 국가가 주는 지방교부세나 국고보조금만 쳐다보는 형국이며, 현행 국세-지방세 구조에서는 수도권 도시들과 비수도권 도시들의 편차 역시 크다. 재정 격차가 지방간의 대립구조를 심화시키고 있는 셈이다.

국가는 국가 사무를 지역에 일선 기관(ex. 노동청-지역사무소)을 만들어 직접 처리하기도 하고 다른 한편으로는 지방정부에 위임해 처리시키기도 한다. 지방에 맡길 때도 완전히 이양하여 지방정부가 자신의 사무로 처리하는 것이 아니라, 국가의 사무를 위임받아 처리하게 함으로써 각부 장관들이 행정명령으로 통제할 수 있게 하였다.

지방에는 위임사무가 많지만 고유사무는 적고 그 한계가 명확하다. 지방자치 시대의 지방정부 기능을 생각할 때 그 기능성에 맞는 사무를 발굴하여 지역마다 특색이 살아나게 해야 만이 행정서비스가 다양해지고, 지방자치가 비로소 본질적으로 가능해질 수 있을 것이다. 사무와 관련해서는 더욱 심도 있는 고민이 필요할 때이다. 현재 논의되고 있는 일괄 이양법의 경우 누가 왜 이 사무를 이양하는지 알고 있는 이가 별로 없는 실정이다.

우리나라 지방자치단체의 인사제도는 관료제도 일변으로 잘 발달 되어 있으나, 지방공무원들은 국가 공무원과 유사한 제도로 운영되고 있다. 부단체장의 경우 (행안부→광역→기초) 식으로 운영되고, 관치의 유산이 그대로 남아있다.

지방공무원들 역시 지방자치나 지역 발전, 주민 주권 등과 거리가 있는 것이 현실이며, 그 지역 사람이 아니라도 공무원으로 직장을 다니고 있는 것이 특이한 사례가 아니다. 우리나라 일본의 경우는 지방정부 공무원이 전임직으로 하는 국가 공무원과 별반 다르지 않으나 그리스나 영국은 판이하다. 영국의 경우 공무원 civil service는 중앙정부에 근무하는 사람을 지칭한다. 지방정부 근무자는 자체적으로 고용한 법인체의 피고용인으로서 민간기업 종사자와 유사한 지위를 갖는다. 지방정부에서 일하는 많은 사람이 시간제이거나 자원봉사자이다. 어떤 제도가 옳다 그르다를 떠나서 거대한 관료조직에 의해서가 아니라 주민의 참여를 통해서 운영된다는 점은 우리가 깊게 생각해 볼 문제이다.

이제, 다시, 주민자치

지방자치법이 제정된 이후 그나마 다행인 것은 몇 차례의 개정을 통해 점차 주민 주권이 강조되는 방향으로 진화하고 있다는 점이다. 2020년 국회를 통과한 새로운 지방자치법에는 '주권재민'에 근거한 주민참여가 처음으로 명시화되었기 때문이다. 늘 강조해 온 '주민'이 지방자치의 실질 주체로 등장하고 있어야 한다.

발간등록번호 : 71-3900000-000087-01

광명시

주민자치의 이해

주민주권　지역공동체

많은 사람이 자치분권을 이야기하고 있지만 여전히 주민 주도성은 찾아보기 어렵고 지역을 중심에 두고 국가를 이야기하는 정치인은 많지 않다. 그래도 한 번 더 위안하자면 지방 자치에서 주민이 주체라는 것을 부정하는 사람이 없다는 것이다. 그 속내까지는 들여 다 볼 수 없으나 '주민'을 빼고 자치를 말하는 것이 시대를 역행하는 것임은 모두 알고 있는 듯하다.

요즘 들어 내가 자주 하는 말이 있다. '자치역량을 키워야 한다'라는 말이다. 이는 지방정부도 해당하는 이야기이고, 주체인 주민에게는 당연하다. 누군가가 나에게 자치의 지름길을 묻는다면, 주민 주권과 주민자치를 바로 아는 방법을 묻는다면, 부지런히 공부하는 것이 왕도라고 이야기할 것이다.

이러한 내 생각이 반영된 것이 얼마 전 발간한 「주민자치의 이해」이다. 광명시민 그리고 전국의 지방자치 주체들과 함께 공부하기 위해 광명시와 자치분권 지방정부 협의회, 자치분권 대학과 협약을 맺고 지방자치학회 힘을 모아 만들었다.

지치지 않고 더 부지런히 노력할 것을 다짐하면서, 광명시가 발간한 주민자치의 이해를 일독하기를 부탁드리고 싶다.

우리 삶을 바꾸는
자치분권 시대를 만들자

- 자치분권 도시

"먼저 시민이 주인이 되는 시민주권 시대를 열겠습니다.
시민이 주인이 되는 시민주권 시대를 열기 위하여 모든 시정에 시민참여를 제도화하겠습니다. 정책 제안에서부터 정책평가에 이르기까지 시민 여러분이 참여할 수 있게 하겠습니다. 각 분야의 광명 커뮤니티를 활성화해 민·관 협력 거버넌스를 구축하겠습니다. 자발적인 시민들의 참여가 시정 곳곳에서 펼쳐지도록 할 것입니다."

"우리 삶을 바꾸는 자치분권 시대를 앞장서 만들어가겠습니다. 자치분권은 민주주의이고 민생입니다. 현장에서 우리의 문제를 이야기하고 우리의 문제를 해결하는 주체로서 당당히 나서야 합니다. 풀뿌리 생활 정치, 골목정치는 자치분권의 핵심입니다. 골목 자치가 이루어질 수 있도록 제도를 활성화하고 곳곳에서 주민자치 목소리가 살아 숨 쉬는 자치분권 시대를 열어야 합니다. 저는 오랫동안 자치분권 실현을 위해 한 길을 걸어왔습니다. 지역에서부터 마을에서부터 분권이 살아 있는 광명 자치 시대를 함께 만들어갑시다."

-민선 7기 취임사 中-

2018년 7월 취임사에서 가장 먼저 내건 공약과 포부는 '시민주권시대'와 '광명 자치시대'였다. 자치와 분권은 사실 정책 공약이기보다는 시정 철학이라고 해야 맞다. 하지만 세부 사업이 없이는 오랫동안 스며들어 있는 관 주도의 행정과 중앙집권식 사무처리를 벗어나기 힘들다. 그러니 시정 철학으로는 공무원과 시민과 생각을 계속 같이 공유하고, 제도와 사업으로는 몸을 체화시키고 형식을 맞추는 방법을 쓸 수밖에 없다.

이 책을 쓰기 위해 민선 7기의 여러 정책과 사업을 정리하면서, 취임사의 말을 그대로 자문해 보았다.

> 모든 시정에 시민참여를 제도화하였는가?
> 각 분야의 광명 커뮤니티를 활성화해 민·관 협력 거버넌스를 구축하였는가?
> 자발적인 시민들의 참여가 시정 곳곳에서 펼쳐지도록 했는가?

나의 대답과 직원들의 답 그리고 가장 중요한 시민들의 답이 모두 다를 수도 있다. 하지만 약속할 수 있는 것은 저 질문들을 언제나 잊지 않았다는 것이고, 시민들과 함께 계속 한 방향으로 나아가겠다는 것이다.

자치분권과를 만들다

사실 주민자치는 제도로써 완성되는 것은 아니다. 하지만 좋은 제도는 좀 더 빠르게 옳은 방향으로 이끌어주는 장치가 된다.

시민의 참여 행정을 실현하고 협치 기반을 마련하기 위해 취임 후 자치분권과를 신설했다. 또한 시민이 시의 중요한 정책에 직접 참여할 수 있는 제도를 마련하고자 광명시 민관협치 활성화를 위한 기본조례를 제정했다. 경기도에서 가장 처음이었다.

조례 제정은 지방선거 당시 광명시유권자운동본부(광명시 21개 시민단체)로부터 받은 정책제언 등을 반영하고, 취임 초기부터 민관협치의 강한 의지를 보여주고자 하는 생각에서 빠르게 추진되었다.

조례안에는 민관협치체계의 구축과 활성화를 위한 ▲시정협치협의회 설치 운영 ▲다양한 시민과 사회적 약자가 참여하는 시민참여위원회 설치 운영 ▲다양한 분야의 단체, 시설, 기관에서 참여하는 커뮤니티 설치 운영 ▲정책과정에서 시민 의견반영과 참여 확대를 위한 민관협치 활성화 기본계획 및 실시계획 수립 ▲공무원과 시민의 협치 역량 향상을 위한 교육 지원 등의 내용을 담고 있다.

자치분권 기본계획을 짜다

민선 7기는 초기부터 시민과 소통하기 위해 많은 토론회를 진행했다. '자치분권 도시' 광명이 부끄럽지 않게 자치분권협의회, 민관협치 기구 구성, 주민자치회 시범 시행 등으로 모든 시정에 시민참여를 제도화하여 시민이 주인이 되는 시민주권 시대를 여는 여러 정책을 추진했다.

하지만 자치분권을 실현하기 위해 더 멀리 내다보고, 시민들과는 더 가까운 또 다른 틀이 필요했다. '자치분권 기본계획'이었다. 대통령소속 자치분권위원회 위원으로 활동하면서 국가의 자치분권 종합계획을 만드는 데 참여했지만, 광명시의 자치분권 기본계획을 계획하면서는 또 다른 마음가짐이 들었다.

시민의 삶과 최일선에서 만나는 '기초지방정부 광명시'의 자치분권 기본계획은 어쩌면 더 큰 책임감이 필요한 일이었다. 그리고 국가의 계획보다 더 다양한 방법의 자치분권 사업을 구획할 수 있는 설레는 일이었다.

2019년 11월, 그해 여름부터 진행된 기본계획 연구용역이 완료되었다. 기본계획의 주요 내용과 정책을 설명하고 시민들의 의견을 수렴하기 위해 '2020~2022 광명시 자치분권 기본계획 시민 설명회 및 토론회'를 열었다.

'시민참여, 자치분권도시'를 비전으로, '주민참여로 역동적인 마을공동체 건설' '민관협치로 상생하는 창조도시'를 목표로, '주민주도로 만들어 가는 주민자치회' '신뢰와 소통으로 성장하는 민관협치' '자치분권형 행정혁신'을 3대 전략으로 제시했다. 또한 주민자치, 지원조직, 민관협치, 행정혁신의 4개 분야를 주요 사업으로 삼고 15개의 실천 과제를 정했다.

그중 몇 가지만 소개해 보자면 주민자치 분야에서는 ▲주민자치회 시범사업의 성공적 추진과 주민참여에 대한 예산 인센티브 제도의 도입 ▲주민자치회의 사업 권한 확대와 자립기반 구축 ▲주민자치회 모바일 플랫폼(우리동네)구축 등이 과제로 논의되었다.

민관협치 분야는 ▲협치조직 정비로 자치분권협의회와 시정협치협의회의 기능 조정과 역할분담 ▲협치예산 확대와 협치평가 제도의 도입으로 행정 전반에 걸쳐 민관협치의 제도화와 평가시스템을 구축 행정혁신 분야는 ▲공무원의 자체 교육과정을 통해 주민자치, 민관협치에 대한 인식의 공유와 공무원의 의식전환 및 마을활동가로서의 공무원 상 정립 ▲주민추천에 의한 동장주민추천제 도입 등이 과제였다.

이 중 몇 가지는 더 의견이 개진되고 내용이 보완되어 실행되고 있으며, 어떤 것들은 처음의 생각보다는 더디게 진행되고 있을 것이다. 전국 기초 지방정부 최초의 자치분권 기본계획이라면서 우리 스스로 대견해하기도 했지만 분명 부족했을 것이다. 하지만 나도 시민도 우리 공무원들도 머리를 맞대고 고민하던 순간들의 소중함을 잊지 못한다. 우리 광명시 자치분권 정책을 돌아보고, 또 나아가는 기본골격을 우리 손으로 세웠기 때문이다.

주민자치 아리랑을 노래하다 : 자치분권 포럼

자치분권 포럼은 2019년에 이어 2021년 두 번째 개최되었는데, 기존의 포럼들과 비교해 봤을 때 조금 다른 목적이 있다. 일반적인 포럼은 특정한 주제나 문제에 대해 관련이 있는 전문가들이 의견을 제시하고, 참여자와 토론하는 것 자체가 목적이라면, 자치분권 포럼은 자치분권에 대해 함께 꿈을 꾸는 '공유의 장'을 마련하는 것이 또 다른 목표였다.

그래서 2019년 첫 번째 포럼 슬로건은 "함께 만들고 함께 꿈꾸다!" 였고,

2021년은 '주민자치 아리랑'을 주제로 정했다. '주민자치 아리랑'은 러시아 소수민족 예벤키족이 실제 사용하는 말 '아리랑'의 뜻인 '맞이하다'에서 의미를 가져왔다. '우리 모두가 다 함께 주민자치를 맞이하자'라는 뜻이다.

특히 2021년 포럼은 지방자치 부활 30주년과 자치분권 2.0시대를 맞아 자치분권이 걸어온 발자취를 뒤돌아보고 앞으로 나아가야 할 방향을 모색해보는 자리로 준비됐고, '지방자치법 전부개정으로 보는 주민자치의 미래'를 주제로 토론도 진행했다.

코로나19로 더 많은 사람이 모이지 못하고, 온라인으로 참여하게 되어 아쉬웠지만 어렵게 마련한 자치분권 포럼이 명맥이 끊어지지 않고 이어질 수 있어서 다행이라는 생각이다.

앞으로는 온오프라인 관계없이 정말 많은 광명시민이 포럼의 주인공으로 함께하기를 바란다. 모두가 신나게 주민자치 아리랑을 부른다면 얼마나 흥이 날까. 얼마나 감격스러울까. 다음 포럼에서는 꼭, 다 같이 주민자치 아리랑을 노래하리라.

주민자치회로 전환하고 주민세 환원 사업을 하다

"주민자치, 미래로 광명하라!"
2021년 11월 우리 광명시 17개 동 주민자치회가 출범 1주년을 맞았다. 2019년에는 「광명시 주민자치회 시범 실시에 관한 조례」를 제정하고 광명5동, 광명7동 주민자치위원회를 주민자치회 시범 동으로 전환하여 운

영했다. 2020년에는 전동이 주민자치회로 전환되었다.

주민자치회는 주민자치 활동을 지원하는 실질적인 권한과 책임을 지닌 주민 대표조직으로 지역 현안과 의제를 주민총회 등을 통해 주민과 함께 결정하고 실행한다. 물론 주민자치회가 지금보다 실질적인 역할을 하기 위해서는 모두의 노력이 더 필요할 것이다. 하지만 '첫 주민자치회 발대식', '주민자치회 최초 정기회의'. '광명시 최초 주민총회' 등을 떠올리다 보니, 첫돌을 맞은 우리 광명 주민자치회를 마음껏 격려하고, 칭찬도 하면서 서로 보듬어 나가기를 바라는 마음이 더 크다.

또한 우리 주민자치회가 이끌어 낸 주민세 환원 사업은 자랑할 만하다. 주민세 환원 사업은 주민이 낸 주민세를 주민들에게 돌려주고, 주민들이 직접 마을 의제를 발굴해 해결하는 것이다. 생활 불편 해소사업, 마을 발전과 활성화 사업, 주민자치사업, 환경사업으로, 생활 불편 해소사업 등 공모 분야도 다양하다.

주민자치회로 한 가지 더 확신하게 된 것이 있다면, 지역과 마을의 과제는 그 마을주민이 가장 잘 안다는 것이다. 시장이자 광명시민의 한 사람으로서 광명 주민자치회 활동의 앞으로가 더 기대된다.

'시민의 한 사람으로 존경받고 있는 것 같아 기뻐요.'

– 시민참여 자치분권 도시

'시장님! 저 이런 경험 처음이에요. 내가 내 생각을 말 할 수 있다는 게 너무 기뻐요. 제 의견이 받아들여지지 않아도 괜찮아요. 시민의 한 사람으로 존경받고 있는 것 같아 기뻐요.'

맨 처음 500인 원탁토론회를 마치고 시민께 들은 첫 번째 이야기였다. 민선 7기 시정 방향을 직접 설명하고 10여 명씩 각 테이블에 앉아 3시간 동안 토론 행사를 했다. 나로서도 가슴 벅찬 일이었다. 일부 언론은 동원된 사람들이라 비난했지만 중요한 것은 누구든 공개적으로 말할 수 있는 기회가 있다는 게 얼마나 행복한 일인가? 대안학교인 볍씨학교와 장애인, 청년단체 등 다양하게 참석했다. 사전 설문 과정에서 시민들의 생각 차이도 알게 되었다. 10대 이하는 환경과 기후 문제를, 60대 이상은 지역개발을 가장 많이 선호했다. 세대 간 생각의 차이가 너무도 크다는 것도 알았다. 이런 차이를 극복하는 것도 중요한 과제가 되었다.

500인 원탁 토론회

2019년 2년 차에 접어든 원탁토론회는 시민참여 제도로서 보다 성숙한 일면을 보여줬다. 시민들 스스로 예산에 반영할 사업을 구체적으로 제안했고, 광명시는 총 83개의 시민 제안 사업 중 29개를 선정해 2020년 예산에 122억 원을 편성했다. 사업 내용 면에서도 긍정적인 변화를 발견할 수 있었다. 2018년도의 사업이 시민 삶을 편리하게 하는 시설 구축이 대부분이었다면, 2019년에 선정된 사업은 환경과 소외된 이웃, 나아가 사회문제를 다루는 의제가 많았다. 주요 사업으로 청년 복합문화공간 설립, 태양광을 모은 정류장 온돌의자 제공사업, 흡연부스 설치 확대, 철산

동 지하 공영주차장 조성, 독거노인 고독사 예방 시스템 설치, 청소년을 위한 실·내외 체육시설 확대, 대학생 단기 일자리 선발 시 다자녀 가산점 부여 등이 있었다.

2020년, 세 번째 원탁토론회는 온라인으로 진행됐다. 코로나의 유행으로 사회적 거리두기 격상되어 어쩔 수 없는 선택이었다. 시 소속위원회별로 사전 토론을 거쳐 63건의 투표 안건을 정하고 온라인 투표로 상위 20건을 선정했다. 시민을 만나 툭 터놓고 이야기할 수 없어 아쉬웠지만, 다양한 참여의 방법이라 생각했다. 실제로 대면 토론회만큼 여러 가지 의견이 나오지는 않았지만 기존의 500인 원탁토론회보다 훨씬 더 많은 숫자인 2,968명의 시민이 투표에 참여해 의사를 표현했다.

투표 결과 시민들이 교통 여건 개선과 자연환경을 활용한 쉼터 조성에 관심이 많다는 것을 알 수 있었다. 우선순위 상위 10개의 사업 중 광명대교, 철산대교의 교통 분산을 위한 교량 신설을 비롯한 교통 여건 개선 사업이 4개, 안양천변 둔치 체육시설 확충과 테마가 있는 공원 만들기 등 하천 환경개선 관련 사업이 4개로 나타났다.

그 후로도 코로나는 1년이 넘게 이어졌다. 만나지 못하는 시간이 길어지며 소통이 어려워질수록 시민의 참여 욕구는 점점 커졌다. 더 이상 기다릴 수 없겠다는 생각에 네 번째 500인 원탁토론회를 강행했다. 정말 오랜만에 만난 시민들은 그동안 쌓아왔던 생각들을 다양하게 쏟아 냈다. 생활편의시설(S.O.C.) 확대, 1인 가구 복지정책, 코로나 교육격차 해소와 같은 생활 밀접 정책부터 시민 환경교육, 착한 경제 기업의 활성화 등

미래 가치를 담은 주제까지 폭넓은 토론이 이루어졌다. 37개의 토론 테이블 마다 의견을 모으고 최종 발표로 이어지기까지 막힘없이 해내는 시민들을 보며 이제 토론문화가 광명에 자리 잡았다는 생각이 들었다. 주민 중심의 주민자치가 조금씩 뿌리내리기 시작한 것이다.

마을자치센터와 행복마을관리소

사회적경제센터 안에 있던 마을공동체 사업을 분리하여 마을자치센터를 설립했다.
한 아이를 키우기 위해 온 마을이 필요하다는 말처럼 마을공동체는 "함께 잘살기" 위한 행동이며 실천이다. 내가 사는 마을의 다양한 자원들과 현안들을 스스로 해결할 수 없을까? 라는 고민은 지역 운동을 하면서 늘

했던 고민이다. 마을공동체는 이웃과 정을 나누며 함께 살아가는 방법을 모색하는 것이다. 공동체 회복 운동이 도시를 더 사람답게 만들 수 있다고 믿기 때문이다.

마을자치센터는 2020년 5월에 개소하여 다양한 마을사업을 추진하고 있다.
물론 이곳에도 갈등은 있다. 그러나 그 갈등을 해소하는 노력과 협력이 지속되면 사람 중심의 도시로 성장해 나갈 것으로 믿는다.

센터는 주민 제안 공모사업뿐만 아니라 주민들의 역량을 강화하기 위한 교육, 모임과 모임을 연결하는 네트워크 강화 사업, 주민자치회 마을사업 지원, 단독 주택 지역인 광명3.5.7동을 중심으로 행복마을관리소를 만들어 지원하고 있다.

행복마을관리소는 아침 8시부터 밤 10시까지 마을 구석구석을 순찰하며, 위험하거나 도움이 필요한 분들을 돕고, 마을의 문제들을 찾아 함께 해결해 나가는 일을 하고 있다.

광명시는 원도심 주거 취약 지구에 생활밀착형 공공 서비스를 제공하고, 마을공동체 회복의 거점을 조성하고자 광명시 행복마을관리소를 광명3동, 광명5동, 광명7동에 운영하고 있으며, 행복마을지킴이 30명이 지역 순찰활동, 취약계층돌봄, 안전약자보호, 지역환경개선 등의 생활밀착형 공공 서비스를 진행하고 있다.

순찰을 하며 술에 취하신 분, 미아나 응급환자 인계, 거동이 불편한 어르신 도움 활동은 물론 취약계층 도시락 배달과 집수리, 교통안전 지도, 쓰레기 투기 계도와 같이 모두가 행복한 마을을 만들어가기 위한 생활밀착형 공공 서비스를 제공하고 있어 지역주민의 만족도가 높다. 더불어 공공일자리를 창출, 제공하여 지역주민의 삶의 질을 올리고 있다.

마을공동체 활성화를 위한 주민 소통의 공간도 마련되어 있어 마을주민이라면 누구나 사전 신청을 통해 행복마을관리소의 주민 공간을 이용할 수 있다. 주민 공간이 부족하다는 원도심 주민들의 요구를 반영하여, 평일 밤 10시까지 운영해 이용 편의도 높였다. 또한 각종 생활 공구 대여 서비스로 주민들의 생활편의를 제공하고, 사회취약계층의 주거환경개선과 생활 불편 해소 서비스로 찾아가는 사랑방 역할을 하고 있다.

이 외에도 재개발 공사장 주변 학생들의 등굣길을 안전하게 보살피고, 지역주민 대상으로 폐건전지 분리배출 홍보와 수거 캠페인, 애완견 시대의 마을과 반려견이 행복하게 살아갈 수 있는 펫티켓 캠페인, 토양오염을 일으키는 폐의약품 집중 수거 캠페인처럼 마을에서 마을주민들과 함께 할 수 있는 활동을 널리 알리고 있다.

이러한 사업은 마을 순찰 활동을 하며 마을의 문제점과 필요한 사안들을 파악하여, 마을의 자원인 주민자치회, 행정복지센터, 시 자원순환과 보건소, 종합사회복지관, 희망나누기, 자원봉사센터 등과 연대하여 사업을 펼쳤다.

민.관, 관.관이 연대하여 한 사업들이 홍보가 잘 되어 안양주민자치회, 안양시의회등에서 밴치마킹했으며, 환경을 고민하여 설계된 다양한 연대 사업들은 경기도 84개 행복마을관리소중에서 광명7동 우수, 광명3동이 장려를 수상하는 계기가 되었고, 광명시가 하는 사업들이 경기도의 모델이 되는 쾌거를 이루었다.

협치, 첫발을 내딛다.

여러 가지 이해관계가 얽힌 시민들의 제안을 무조건 시정에 반영하기는 어렵다. 그러나 시민과 공무원이 함께 고민한다면 분명 합의점을 만들 수 있어, 광명시는 2019년 2월 7일 협치추진단을 구성했다. 총 20명으로 출발한 협치추진단은 민관협치 활성화를 위한 제도개선과 실행, 총괄 지원하는 역할을 한다.

그리고 각 분야의 다양한 목소리를 듣기 위해 시민 100명으로 구성된 시민참여커뮤니티를 만들었다. 시민참여 커뮤니티는 시의성 있는 현안과 공공의제를 발굴하고 있으며, 이들의 활동을 지원하기 위해 2019년 7월 22일 시민협치협의회가 출범했다.

시민참여 커뮤니티는 교육문화, 돌봄복지, 마을자치, 일자리경제, 환경에너지 5개의 분과로 나뉘어 분야별 공공의제 발굴에 힘쓰고 있다. 지역문제 해결을 위해 100인 토론회 등 각종 공론장을 마련하여 주민자치 활성화, 미세먼지 줄이기, 놀이터 조성 등 다양한 주제로 토론했다. 이로써 시민과 행정이 지역문제를 함께 고민하고 해결책을 찾는 민과 관의 협업은 이제 하나의 행정문화로 자리 잡아 가고 있다.

2021년 4월에는 현안 시책에 대한 시민참여와 소통을 강화하기 위해 공론화위원회를 신설했다. 공론화위원회는 광명시 민관협치기구 위원, 외부전문가와 시민사회활동가 등으로 구성되어 있으며, 광명시장과 시민들이 공론화가 필요하다고 제안하는 사항에 대해 공론장을 개최하고 여기서 합의된 사항을 시장에 제출·권고하는 역할을 한다. 공론화 절차를 통해 이루어진 합의사항은 행정절차와 제도를 개선하고 공공정책 수립에 반영되며, 이는 지역문제를 시민과 함께 해결하기 위한 공동의 노력이 실현되는 과정으로 볼 수 있다.

우리 동네 소통 공간, 생활문화 복합시설 조성

광명에는 집이 참 많다. 그에 비해 그 집에 사는 사람들이 나와서 놀고 즐겁게 만나 이야기 나눌 공간이 부족하다. 새로 땅을 매입해서 시민을 위한 복합시설을 짓고 싶어도 땅값이 너무 비싸 예산이 턱없이 부족했다. 그래서 가진 것을 최대한 활용하기로 했다. 재개발 지역에 포함되어 신축이전하게 된 행정복지센터와 노후화로 리모델링이 필요한 청사를 활용해 생활문화 복합시설을 건립하기로 했다.

광명시에 새로 문을 열게 될 동 행정복지센터는 육아 공백 최소화와 여성 경력 단절 문제를 최대한 보완하여 다 함께 돌봄센터, 청소년 활동센터 등을 설치하였다. 육아 공백을 메우고 여성복지센터, 여성 활동센터 등을 통해 경력단절 여성의 재취업을 돕는다. 또한 복합문화공간으로 조성되어 즐길 거리 배울 거리가 풍부해진다. 주민 협업 공간, 북카페, 쉼

공간을 마련하여 함께 소통하고 다양한 문화 활동 프로그램과 자치프로그램으로 주민의 삶을 풍요롭게 해 준다.

올해 완공된 광명5동과 광명7동, 하안2동 행정복지센터에는 작은도서관, 여성쉼센터, 청소년활동센터, 체력단련실 등의 공간이 마련되었다. 30년 이상 사용한 좁고 불편했던 행정복지센터가 쉼과 취미, 여가활동이 가능한 우리 동네 소통 공간으로 재탄생한 것이다. 행정복지센터는 이렇게 편안한 공간이어야 한다. 찾아오고 싶고 머물고 싶은 공간이어야 한다. 한 사람 두 사람 찾아와 머물다 보면 동네 이야기도 하고 여기서는 무슨 일을 하나 관심도 생긴다. 자연스러운 참여가 이루어지는 것이다. 앞으로 지어질 광명1동, 광명3동, 철산2동 등 대부분의 행정복지센터가 이처럼 주민을 위한 공간으로 탈바꿈할 것이다.

구 평생학습원 건물은 리모델링하여 시민을 위한 공간으로 재탄생시켰다. 유기견을 돌보고 입양을 추진하는 반려동물 문화복합센터(반함)와 마을사업 및 주민 참여예산을 지원하는 마을자치센터, 소상공인 지원센터, 신재생에너지 보급사업과 에너지 교육프로그램을 운영하는 기후에너지센터, 청년들을 위한 음향시설, 춤 연습실 등의 공간이 마련된 청년센터와 청년예술창작소가 새로 들어섰다. 리모델링의 콘셉트는 열림과 소통이었다. 기존에 좁은 공간을 확장하여 개방감 있는 공간배치를 하고 층별 테마를 두어 시민 이용에 편의성을 높였다.

지속가능 발전도시를 위한 민선 7기의 도전

– 지속가능도시

우리 아이들이 살아갈 세상은 과연 어떤 세상일까? 북극의 빙하는 점점 녹고 아프리카의 아이들은 여전히 굶주리고 있는데, 지금 당장 먹고 사는 데 어려움이 없다고 이 문제들을 외면해야 옳을까? 우리 아이들이 어른이 되어 살아갈 시대가 여전히 살기 좋은 세상이 되려면 이 문제들을 지금부터 함께 풀어가야 한다. 경제, 사회, 문화, 환경, 교육, 복지 등이 서로 조화를 이루는 지속가능한 사회를 과연 만들 수 있을까? 늘 숙제처럼 안고 살아야 하지만 시민 모두가 숙제로 떠안고 살지는 않는다. 그래서 힘들어도 해야 한다. 지구의 운명이니까!

아주 오래전, 1997년 4월에 나는 처음으로 이 문제를 접했다.
광명시에서 지방의제21 토론회가 열렸다. 그때 광명에서 막 시민운동을 시작했을 때였다. 광명YMCA 김준식 총무가 이 일을 주도하고 있었다. 환경운동처럼 시작했지만, 그 범위는 도시 전체의 미래 과제였다. 지속가능한 발전도시를 만들기 위한 지방의제 발굴이 얼마나 힘든지 이때 깨달았다. 어쩌면 지역운동과 정치활동 과정에서 이때의 학습이 가장 큰 힘이 되었던 것 같다. 지방의제21 과제를 만들기 위해 1년 동안 무려 100

회의 회의에 참석했으니 말 다했다.

경기도의원이 된 이후에도 이 분야에 깊은 관심을 갖고 경기도 지속가능발전협의회에 많은 의견을 제시했다. 도시환경위원회 상임위에서 활동할 때는 경기도청에 환경교육센터를 만드는 산파 역할을 톡톡히 했다. 몇 차례에 걸친 토론회를 통해 예산과 조직을 확보하고 경기도가 이 사업을 추진하게 했다. 광명시장이 된 이후에는 정책기획과에 지속가능팀을 만들어 본격적으로 공무원교육과 시민교육을 실시하고 각 부서의 공무원, 커뮤니티 시민 조직과 함께 유엔이 정한 17개 과제를 만들어냈다.

전담 조직과 법적 기반을 만들고 17개 목표를 수립하다

지금 우리 시는 지방의제21을 만들기 위해 고민했던 20여 년 전보다 더욱더 균형과 조화로운 발전이라는 과제에 직면해 있다.

광명시는 2030년 즈음 광명시흥테크노밸리, 광명문화복합단지, 광명시흥 신도시 사업이 완료되면 현재 29만 명에서 최대 45만 명으로 인구밀도가 높아지고, 개발 과정에서의 환경 파괴와 구도심/신도심 간의 불균형이 발생할 수 있다. 그래서 개발의 속도도 중요하지만 사람이 중심이 되는 경쟁력 있는 도시 운영의 철학과 원칙이 어느 때보다 절실하다.

이런 이유로 나는 민선 7기 시장이 되자마자 정책개발담당관에 지속가능발전팀이라는 전담 조직을 만들고 광명시 지속가능발전 기본조례를 제정함으로써 지속가능발전 정책을 수립하고 집행하는 기반을 마련했다.

지속가능발전은 깨끗한 환경에서 격차나 차별 없이 양질의 교육을 받으면서 일자리를 갖고 여러 세대가 오래도록 행복하게 공존하기 위해 인류가 지켜야 할 17가지 최소한의 약속이다. 우리 시는 2015년 유엔에서 인류의 공존과 번영을 위해 만든 UN-SDGs와 2017년 우리나라가 만든 K-SDGs의 목표와 조화를 이루되, 광명이라는 지역 여건과 특성을 고려해 2020년에 광명시 GM-SDGs 17개 목표를 수립하고 목표 달성을 위한 세부 이행계획을 수립했다.

광명시 지속가능발전 17개 목표 수립에 있어 가장 중요한 원칙은 '다양한 시민의 목소리를 담는 것'이었다. 행정과 전문가가 만드는 목표와 계획으로는 시민이 일상에서 체감하기 어렵다. 목표 수립 과정부터 함께 참여, 시민의 시선으로 지속가능발전을 공부하고 일상에서 공감할 수 있는 목표여야만 실천과 변화를 이룰 수 있다.

다양한 연령과 성별, 직업적 배경을 가진 시민 200여 명으로 구성된 '시민 참여단'을 모집, 여러 번의 토론을 거쳐 민관 협력형 광명시 지속가능발전계획 17대 목표와 39개 세부 목표를 수립했다.

또한 담당 부서, 이해관계자, 시의원, 전문가 등과 함께 여러 번의 의견수렴 간담회, 토론회를 통해 39개 세부 목표의 성과를 측정할 수 있는 71개 지표를 선정하고 '일상 속 실천과 변화, 함께 성장하는 광명'이라는 광명시 지속가능발전 비전을 수립하게 되었다. 이 비전의 의미는, 지속가능한 광명시를 만드는 근간이 개인의 실천과 변화라는 걸 강조한 것이다.

광명시 지속가능발전 비전 선포식을 개최, 시장과 광명시 의장, 지속가능발전협의회 대표가 지속가능발전 목표 이행에 대한 '약속 이행 협약서'를 작성하고 미래세대인 어린이에게 전달함으로써 현 세대의 책임 이행을 강조했다. 아울러 광명경찰서, 광명교육지원청, 한국전력 광명지사, 광명소방서 등 광명시의 16개 유관기관은 별도의 지속가능발전을 위한 목표 이행 서명에 동참했다.

지속가능발전 목표 수립 과정에서 '시민참여단'으로 참석했던 분들은 민관 거버넌스인 '광명시 지속가능발전협의회 11기' 회원으로 이어져, 우리 시의 지속가능발전 목표를 학습하고 목표 이행 여부에 대한 점검과 평가의 주체로 활동하고 있다.

광명시 지속가능발전 목표는 빈곤 해결, 안전한 먹거리, 건강과 교육문화, 주거환경 개선을 통해 행복한 마을공동체를 활성화하고, 안전한 물

과 신재생에너지 공급, 생물다양성을 담은 녹색도시를 지향한다. 또한 좋은 일자리를 창출하기 위해 공공일자리뿐만 아니라 소상공인 지원과 녹색기업 발굴, 공정무역을 통한 착한 소비를 강조하고, 돌봄과 인권, 협치와 주민자치를 강조한다.

사회, 환경, 경제 분야의 전문가로 구성된 지속가능발전위원회를 통해 목표 달성의 방향성을 주기적으로 점검하고, 선제적으로 준비해야 하는 미래지표 관련 정책을 추가로 개발하고 있다.

변화와 실천을 위한 마중물인 지속가능발전교육(ESD) 강화

최근 2년간 코로나19를 겪으면서 우리 사회는 탄소중립 의무 이행에 속

도를 내고 있다. 광명시는 지방정부 차원의 탄소중립 실현을 위해 일상에서 에너지 절약, 쓰레기 줄이기, 분리수거와 자원재활용과 같은 지속가능발전 교육을 강화하고 있다.

지속가능발전 교육(Education for Sustainable Development)은 인간과 자연이 조화롭게 살아가도록 지역사회 자원을 연계하는 방식으로 이뤄져야 한다. 하지만 여전히 많은 사람들이 이 개념을 어려워하는 경향이 있다. 최근 방탄소년단의 착용했던 17개 색의 배지가 화제가 되었다. 17개의 색은 지속가능발전을 상징한다. 이처럼 TV광고와 에듀테인먼트를 통해 지속가능발전 이야기가 오고 가는 것은 참 다행이다.

평소 미래세대의 주역인 어린이들에게 어떻게 하면 지속가능성에 대해 쉽고 재미있게 설명할 수 있을까 고민해왔는데, 그림책을 활용하면 좋겠다는 생각이 들었다.

시중에 나와 있는 좋은 그림책 중에서 빈곤, 건강, 교육, 돌봄과 같은 지속가능발전 목표에 대해 접점을 가진 그림책을 선정했다. 그리고 지속가능발전협의회 위원들과 그림책 작가로부터 100권을 추천받은 후 저작권 협의를 통해 최종 40권을 선정했다.

감사하게도 광명서초 그림책 동아리 연구 교사들이 교재 감수를 맡아준 덕분에 학교 교육 교재가 지켜야 할 원칙을 반영할 수 있었다.

본 교재는 '그림책으로 생각하는 광명의 지속가능발전 이야기'라는 제목이 시사하는 바와 같이 지속가능발전 목표별로 2~3권의 그림책을 보면서 다양한 관점에서 지속가능 목표를 이해할 수 있게 한다. 아울러 빈곤, 먹거리, 건강, 교육, 일자리, 기후위기 문제를 해결하기 위해 우리 시에서 펼치고 있는 활동들도 소개하고 있다.

교육 교재는 사회 교과와 마을 알기 수업의 부교재로 활용하도록 초등학교 전 교사에게 전달됐고, 중고교 도서관에도 비치해 청소년들을 위한 참고도서로 활용케 했다.

특히 의미가 있었던 건 작은도서관 운영진들이 학습동아리를 구성, 이 교재로 지속가능발전 개념을 학습하고 지역공동체 활성화 논의에 지속가능성을 대입하고 있다는 점이다. 더불어 광명교육청뿐만 아니라 다른 지자체에서도 교재로 활용하겠다는 의사를 전해 오기도 하였다.

지속가능발전 교육을 위한 담대한 도전!
UN대학 지속가능발전 교육거점센터 인증

지속가능발전교육을 위해 광명교육지원청과 학교, 유치원, 도서관을 연계하면서 우리 시는 더 담대한 도전을 시도하게 되었다.

UN대학의 지속가능발전교육거점센터인 RCE(Regional Centre for Education on Sustainable Development) 인증을 추진한 것이다. UN 산하 연구기관인 UN대학은 유엔 사무총장과 유네스코 사무총장이 임명한 24개국 대표로 구성된 대학위원회에서 인간의 생존과 개발, 복지 등 인류의 지속가능발전을 위한 행동을 연구하는 곳이다. 한국에는 통영시와 도봉구를 포함해 총 7개 도시가 RCE인증 도시가 되었고 광명시는 여덟 번째이자 경기도 최초로 RCE 인증 결과를 기다리고 있다.

RCE 인증 도전은 사회적경제센터, 기후에너지센터, 업사이클아트센터,

교육협력지원센터, 마을자치센터 등에서 추진하는 지속가능발전 교육과 중복을 지양한다. 아울러 독립적인 교육들이 유기적인 연계성을 갖춰 효율적으로 운영되도록 조정하는 방안을 마련하고, 우리 시 지속가능발전 교육의 로드맵을 수립하는 계기가 되었다는 데 큰 의미가 있다.

광명시의 지속가능발전 목표는 환경(E), 사회(S), 거버넌스(G) 3요소로 도약한다

개청 40주년을 맞은 2021년은 향후 40년의 미래 초석을 다지는 원년이다. 이는 2050 탄소중립을 위한 40년의 여정이기도 하다. 그런 의미에서 광명시는 이제 한 걸음 더 크게 내딛을 준비가 필요한 시점이다. 전 세계적으로 화두가 되고 있는 ESG를 지속가능발전 목표 달성을 위한 방법으로 활용하고자 한다.

ESG는 일시적으로 유행하는 경영기법이 아니라 착한 가치를 추구하는 기업이 환경을 저해하지 않는 방식으로 성장하고 지역문제 해결에 공헌함으로써 도시의 지속가능발전을 촉진하는 중요한 수단이다. 따라서 광명시는 행정과 기업 2대 분야에서 총 6대 과제를 수립하고 전략적으로 ESG를 추진할 계획이다.

행정에서는 우선 17대 지속가능발전 목표 달성 여부를 측정하는 71개 지표 이행률을 높이도록 점검하고, 공무원과 기업을 대상으로 ESG 교육을 추진했다.

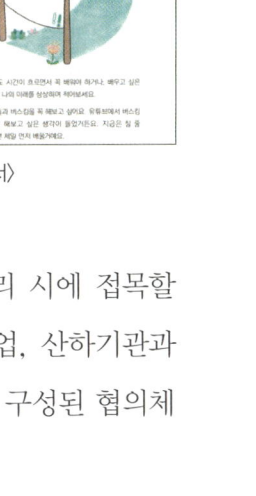

〈교육교재 – 그림책으로 생각하는 지속가능한 광명 이야기 중에서〉

또한 환경과 사회공헌 분야 전문가 자문단을 구성해 우리 시에 접목할 정책을 수렴하고, ESG 공급처인 지역 대기업과 중견기업, 산하기관과 수요처인 중소기업, 소상공인, 사회적경제기업, 창업가로 구성된 협의체를 구성해 기업의 ESG 수요에 대처할 계획이다.

이 협의체는 광명의 지역문제 해결에 앞장서는 원팀으로 구성해 상생과 성장 동반자의 구심 역할을 할 것으로 기대한다.
특히 기아 오토랜드 광명과 이케아 광명은 ESG를 이끄는 선도적인 기업들로, 향후 협약을 통해 기업과 행정이 함께 이룰 수 있는 지속가능한 정책들을 발굴하고 펼쳐나갈 계획이다.
우리 시 기업의 95%가 중소기업 또는 소상공인 중심으로 이루어져 있어 얼핏 ESG 도입이 불가한 것으로 생각될 수 있다. 그렇기 때문에 대기업과 대기업 공급망 중심의 ESG가 아닌 ESG 친화형 창업기업 육성에 초점을 맞추는 것이 바람직하다.

요즘 ESG를 지향하는 창업기업에 대한 임팩트 투자도 점차 활성화하고 있다. 우리 시도 창업 초기 단계에 기업가 대상으로 ESG 교육을 제공하고, 다른 기업의 ESG 상태를 진단할 수 있는 전문가로 양성할 계획이다. 또한 ESG를 충족하는 경영방식을 도입해 투자자와 연계하는 방안도 마련할 예정이다.

행정에서, 기업에서, 우리 삶 곳곳에서 환경과 사회적 가치, 거버넌스를 지향하는 ESG는 광명시가 지향하는 지속가능발전도시 실현을 앞당겨 줄 촉매제가 될 것으로 기대한다.

미래세대에게 기후위기 없는
쾌적한 광명을 물려주자

– 탄소중립 선도 도시

시장이 되기 전의 어느 날, 푸른광명21실천협의회 사무처장으로 부터 전화가 왔다. 광명시민 기후에너지기획단에 참여해 달라는 요청이었다. 매주 토요일 네 시간씩 한 달간 진행하는 교육프로그램이었다. 기후에너지 문제에 관심이 있던 터라 흔쾌히 교육에 참여했다. 처음 듣는 낯선 용어와 미래 과제에 대한 선언적 정책들이 많아서 강의를 듣는 게 쉽지 않았다. 마지막 시간에 주어진 숙제는 나의 실천과제를 정하는 것이었다. 나는 기후에너지센터 설립을 과제고 정하고 인증 사진을 남겼다. 그것이 태양의 도시 광명을 만들겠다는 나의 선거 공약이 되었다.

당선된 후에 이 공약을 실현하기 위해 노력했다. 이 분야의 전문가는 많았지만 대부분 중앙에서 활동하고 지역에서 활동하는 사람은 많지 않았다. 특히 광명은 서울과 인접해 있어서인지 서울 지역에서 활동하는 분이 많았다. 우여곡절 끝에 활동가를 임기제 공무원으로 채용하여 본격적인 활동을 시작했다. 기후에너지과를 신설하고 기후에너지센터 설립 그리고 시민행동 조직, 광명시민 에너지협동조합 설립을 추진했다. 행정조직과 중간 지원조직, 시민조직이 만들어지면서 광명의 탄소중립 실천운

동은 본격적인 채비를 갖췄다.

기후에너지과 신설과 기후에너지센터 설립

취임하고 곧바로 직제 개편을 시행했다. 우선 기후문제 해결이라는 미래 과제를 실현하기 위해 2019년 기후문제 전담부서인 기후에너지과를 신설했다. 기후에너지과는 에너지정책팀, 에너지관리팀, 기후대응팀, 기후에너지센터팀 4개 팀으로 운영해오다 2021년 1월 정부의 한국판 그린뉴딜 정책에 발맞춰 광명형 그린뉴딜 정책을 추진하는 그린뉴딜팀을 추가했다. 현재 5개 팀 15명의 직원이 합심해 자체 직무교육, 토론회 등을 열고 기후위기 대응 정책을 추진하고 있다.

선거 공약이었던 기후에너지센터는 2020년 5월 설립을 완료했다. 기후위기에 체계적으로 대응하고 혁신적인 에너지 정책을 만들어가고자 기후에너지 전문가를 센터장으로 임명했다. 이 과정에서 시간이 조금 걸렸지만 앞으로 몇십 년을 내다봐야 하는 중요한 임무이기에 적임자를 찾기 위해 큰 노력을 기울였다. 단순히 지식이 많은 것보다는 기후위기 문제를 지역 안에서 적극적으로 해결하겠다는 의지를 가진 사람이 필요하다고 생각했기 때문이다. 이렇게 설립된 기후에너지센터는 시와 시민의 중간 지원조직으로 활동하며 민관 거버넌스 운영과 기후에너지 시민교육, 넷제로 에너지카페 등을 운영하고 있다. 또, 석탄에너지에서 신재생에너지로 주민들의 인식 전환을 추진 중이다.

이렇게 행정조직과 중간 지원조직이 갖춰지면서 기후문제에 대한 인식이 활발하게 확산되었고 시민의 참여도 또한 더욱 높아지기 시작했다.

광명시민에너지협동조합과 시민햇빛발전소

2020년 4월 광명시는 광명시민에너지협동조합과 태양광발전소 건립에 관한 협력을 체결했다. 광명시가 공공시설 유휴부지를 제공하고 광명시민에너지협동조합은 태양광발전소를 설치 운영하는 방식이다. 이를 바탕으로 지역에너지전환 및 시민참여형 에너지공동체를 형성해 2030년까지 전력 자립도 40.5%, 신재생에너지 보급률 20.7% 달성을 추진할 예정이다.

광명시민에너지협동조합은 2020년 광명도서관 옥상에 시민햇빛발전소 1호기, 하안도서관 옥상에 2호기를 건립했다. 2021년에는 광명시민체육

관 주차장에 시민햇빛발전소 3호기를 건립해 연간 150톤이 넘는 탄소배출 절감 효과를 보고 있다.

시민햇빛발전소는 경기도 공모에 선정되어 도비를 지원받고 시민의 출자금을 모아 조성된 태양광발전소다. 그렇기에 시민햇빛발전소에서 이익이 발생하면 출자금을 납부한 시민조합원에게 이익이 돌아가게 될 것이다. 기후행동을 통한 수익 창출을 이루게 되는 것이다. 나는 이 시스템이 미래 먹거리의 한 분야로 새롭게 자라날 것으로 기대한다.

광명형 넷제로 카페와 기후에너지 시민강사

광명시에서는 어디에서든 기후위기와 신재생에너지를 체험하고 궁금증을 해결할 수 있는 광명형 넷제로 에너지카페를 만날 수 있다. 광명시와 기후에너지에 관심이 있는 민간 카페가 업무협약을 체결하고 권역별로 운영되고 있다. 에너지카페는 현재 총 17개소가 운영 중이며 카페에서는 시민 누구나 에너지 관련 학습과 기후에너지 모임 활동, 시민교육을 할 수 있다.

더 많은 시민이 기후행동에 동참하게 하기 위해서는 기후위기 교육이 실생활 속에 자연스럽게 녹아들도록 해주어야 한다. 광명은 넷제로카페를 비롯해 시민이 신청하는 곳 어디에서나 기후에너지 시민교육을 받을 수 있도록 했다. 2019년부터 찾아가는 기후에너지 시민교육을 운영하여 기후변화에 따른 위기의 심각성을 시민과 공유하고, 생활 속 온실가스 줄이기 등 저탄소 생활을 적극 유도하고 있다. 교육을 희망하는 시민이나 단체가 신청하면 강사가 파견되어 수업을 진행한다. 학생, 아파트

관리사무소 직원 등 시민을 대상으로 맞춤형 교육을 실시하고 있다. 기후위기 현실, 생활 속 에너지전환 실천방법, 미세먼지 대책, 기후변화 시책 및 그린뉴딜 정책 안내 등을 주제로 2019년에는 총 4회, 75명의 시민이, 2020년에는 총 26회의 교육에 600여 명의 시민이 참여했다. 2021년에는 관내 초·중·고등학생을 대상으로 340여 차시의 교육을 진행해 8,800여 명의 학생들이 참여했다.

시민교육에 참여하는 시민강사도 직접 양성했다. 시민강사는 기후에너지 분야와 교과과정을 연계한 교육프로그램 운영 방법과 그 내용을 쉽게 접할 수 있는 체험활동 프로그램을 훈련받은 분들이다. 경력 단절 주

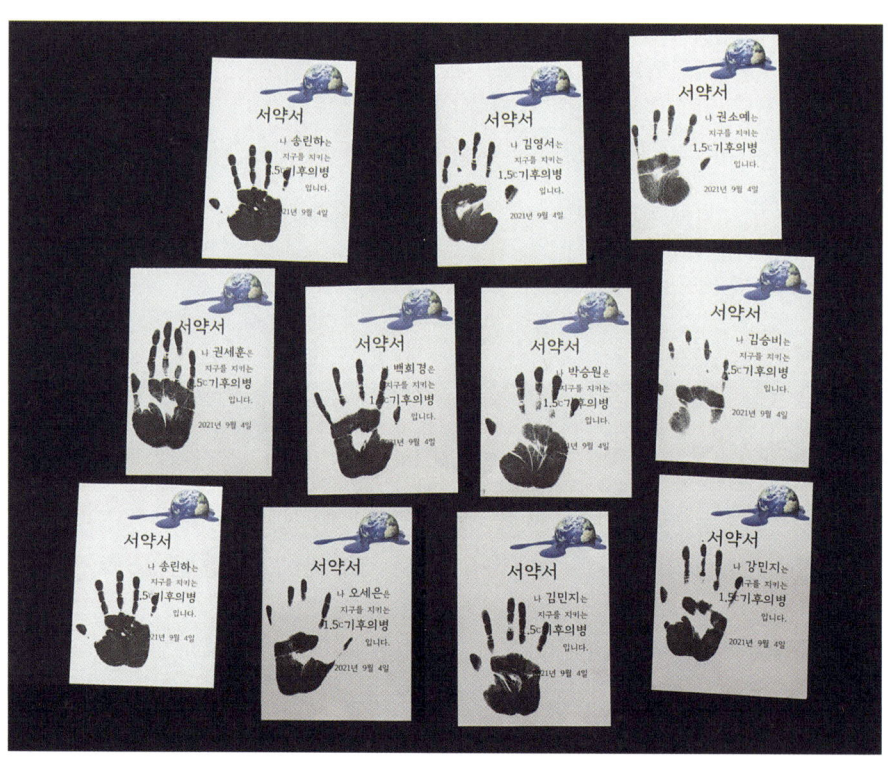

민 등 지역자원을 활용하여 지역사회 일자리 창출이라는 효과도 동시에 얻고 있다. 2020년 10월 1차 '기후에너지 강사 양성과정'에 25명, 2021년 2월 실시한 2차 과정에 22명이 참여하여 총 8강의 전문 에너지 교육을 받았다.

1.5℃ 기후의병 모집

기후에너지 행사에서 '기후의병'이란 말이 처음 나왔다. 누가 먼저 말했는지 기억은 나지 않는다. 조선시대에 나라가 위기에 처했을 때마다 의병이 조직되었다. 그 시대에 그랬던 것처럼 지구를 구하기 위해 기후의병을 모집하자고 시민들이 나서기 시작했다. 그 정신을 이어받은 광명의 시민들이 자발적으로 모였다. 광명의 기후의병들은 지구온도 1.5℃의 상승을 막고자 서로를 1.5℃ 기후의병이라 칭하며 다양한 기후활동을 추진하고 있다.

약 1,000여 명의 시민이 기후의병으로 가입했다. 기후의병에 가입하면 교육을 받아야 하고 기후동아리도 참여해야 한다. 이러한 기후의병이 많아지면 광명시는 분명 달라질 것이다. 2021년 9월, 1.5℃ 기후의병대 발대식을 갖고 기후의병장 양성을 위한 교육 커리큘럼을 운영하고 있다.

광명의 기후의병들은 10·10·10 소등 캠페인, 광명 줍킹데이, 광명시민에너지협동조합 활동 등 기후행동에 적극적으로 참여하며 기후위기에 맞서 광명을 지키는 탄소중립에 앞장서고 있다. 또한 실생활에서도 채식, 계단 이용, 대중교통 이용, 바른 분리수거 등 저탄소 생활을 실천해 나가는 중이다.

광명시에서도 전 직원이 구내식당 채식데이, 일회용품 사용 줄이기, 제로웨이스트의 날 운영, 차량 2부제, 불필요한 회의서류 줄이기 등 저탄소 생활 실천에 동참하고 있다. 조금 번거롭고 불편하지만 기후위기를 더 이상 지켜볼 수만은 없기에 모두가 한마음으로 실천해 나가는 중이다.

그린모빌리티와 광명시 1호 수소복합충전소

지구를 지키는 또 한 가지의 행동은 바로 자동차가 내뿜는 배기가스를 줄여 공기를 맑게 만드는 것이다. 광명시는 스마트 그린 광명을 완성하기 위한 방안으로 친환경 미래 운송수단 보급에 박차를 가하고 있다. 친환경 자동차 보급 확대를 위해 적극적인 캠페인과 다양한 인센티브 정책을 진행하고 관내 경유 버스를 친환경 버스로 전면 교체하는 대중교통 그린모빌리티 사업도 단계적으로 추진하고 있다.

광명시는 그린뉴딜 모태 도시에 걸맞게 전기차 보급을 활성화하고자 초소형 자동차 제작사와 '업무협약'을 체결하고 초소형 전기차 구입 시 900만 원의 보조금을 지원하고 있다. 이는 수도권 최고액 지원금으로 시민들이 쉽게 전기차량을 접하고 기후위기에 맞서 기후행동을 실천하도록 하는 역할을 했다. 또한 광명시의 초소형 전기차 업무협약에 따라 광명시슈퍼마켓협동조합에서는 친환경 배달서비스와 기후위기 극복 행동에 동참하기 위해 초소형 전기차 12대를 구매했다. 이어 광명시 주요도로에서 배달용 초소형 자동차 퍼레이드를 펼쳐 시민들에게 지구를 살리는 초소형 전기차를 홍보하고 친환경 배달서비스의 시작을 알렸다.

전기자동차의 보급 확대를 위해서는 충전 인프라가 선제적으로 구축되어야 한다. 그간 수소전기차의 경우에는 광명에 충전소가 없어 광명시민들이 인근 서울시와 인천시의 충전소를 찾아다녀야 하는 불편함이 있었다. 이러한 문제점을 해결하기 위해 광명시는 관내 자동차 글로벌 기업인 기아와 합심하여 기아자동차 소하리공장 정문 앞 유휴부지에 기아 오토랜드(AutoLand) 광명수소복합충전소(가칭)를 설치하기로 했다. 기아 오토랜드 광명수소복합충전소는 수소전기차뿐 아니라 전기자동차 충전을 위한 초고속충전기 4기와 고속충전기 2기가 설치되어 많은 시민이 혜택을 누릴 수 있을 것이다.

수소복합충전소 인프라 구축을 기반으로 광명시는 2021년 수소전기자동차 30대, 전기자동차 457대를 구매 지원하였으며, 2022년에는 수소전기자동차 50대, 전기자동차 758대 등으로 지원을 확대할 예정이다.

광명쿨루프 사업, 기후위기 안심도시로 발전

광명시가 환경부에 제안해 선정된 쿨루프 사업은 에너지 취약계층이 주로 이용하는 오래된 건물의 지붕에 차열 페인트를 도색해주는 사업이다. 차열 페인트를 시공하면 겨울철 난방에는 큰 영향을 끼치지 않으면서 여름철 실내온도가 4~5℃ 낮아져 냉방 에너지를 30~40% 절약할 수 있다. 에너지 절약과 온실가스 줄이기, 폭염 피해 예방에 도움이 되어 기후위기 안심도시로 발전하는 기반이 되고 있다.

2020년 10월에는 새터마을 도시재생지역 다가구주택 옥상에서 '광명쿨루프 옥상문화제'를 개최했다. 옥상문화제는 광명형 그린뉴딜 첫 사업인 광명쿨루프 사업을 주민에게 알리고 사업 확산을 위한 공감대 형성을 이루고자 마련되었다. 그에 힘입어 2020년 경로당, 복지관 등 공공시설과 도시재생 시범지역 내 주거취약계층 주택 총 29곳에 쿨루프를 시공했다. 이후 관내 학교 등으로 사업 범위를 확장하며 기후위기 대응에 앞장서고 있다.

광명 명문고등학교 쿨루프 설치

생활 속 미세먼지 줄이기

미세먼지 줄이기는 몇몇 노력만으로는 달성하기 어렵다. 광명시민 모두가 기후위기에 관심을 두고 생활 속 미세먼지 줄이기에 동참해야만 이뤄낼 수 있는 시민 공통의 과제다. 이를 실현하고자 미세먼지에 대한 경각심과 기후위기 공감대를 확산할 수 있도록 광명 곳곳에 미세먼지 신호등을 세웠다. 야외활동 중 미세먼지 등 대기질 정보를 한눈에 확인할 수 있는 미세먼지 신호등이 시민 유동 인구가 많은 시민운동장 등 총 9곳에 설치되어 있다. 미세먼지 신호등은 도시 대기 측정망 수치를 실시간으로 전송받아 색상과 이모티콘으로 표출되어 어린이나 노약자들도 미세먼지 수치를 쉽게 확인할 수 있도록 했다.

도심지 내 녹지공간인 도시숲은 리모델링이 한창이다. 광명시는 경기도로부터 지원금을 받아 미세먼지 저감을 위해 고사 수목이 많고 수형이 불량한 도심 내 녹지공간을 선정하여 도시숲 리모델링 사업을 추진하고 있다. 산림청 자료에 따르면 나무 한 그루는 연간 35.7g의 미세먼지를 흡수한다고 한다. 도시숲은 여름 한낮 평균기온을 3~7℃ 낮추고 평균습도를 9~23% 올려줘 미세먼지가 신속하게 지면으로 내려앉게 하는 천연 공기청정기 역할을 한다. 광명시 전체가 이러한 천연 공기청정기로 맑은 하늘을 유지할 수 있도록 다양한 나무를 심어 녹지공간을 새롭게 조성하고 지속적으로 대상 지역을 확대해 가고 있다.

업사이클아트센터, 광명경기문화창조허브

탄소중립을 향한 지속가능발전이 피할 수 없는 과제가 된 지금, 버려진 물건에 새로운 가치를 부여하는 업사이클은 환경과 사람을 위한 지속가능성을 창조하는 새로운 미래 가치로 떠오르고 있다. 국내 최초의 업사이클 복합문화예술공간으로 탄생한 광명업사이클아트센터는 당시 시민들에게 생소했던 업사이클을 주제로 전시, 체험교육, 디자인공모전, 컨퍼런스 등 다채로운 프로그램을 선보이며 업사이클의 가치와 의미, 앞으로 나아가야 할 방향을 제시해 왔다.

광명업사이클아트센터는 어린이와 청소년을 대상으로 재미있고 창의적인 업사이클 환경교육을 다양하게 개발하고 있다. 특히, 청소년 교육프로그램인 에코건축학교, 리플레이메이커 등은 광명업사이클아트센터의 대표적인 교육 브랜드가 되어 큰 인기를 끌고 있다. 또한 포스트코로나 시대를 맞이해 집에서 업사이클 디자인 DIY 교육을 받을 수 있도록 온라인 비대면 프로그램을 개발해 큰 호응을 얻고 있다.

광명시는 다년간의 업사이클 노하우를 발판으로 '에코디자인과 콘텐츠' 창업을 지원하는 광명경기문화창조허브를 2020년 개소했다. 친환경 창업을 하려는 예비창업자나 7년 이하 초기 창업자들을 위해 사무공간, 개발비, 교육, 멘토링, 지원 연계 등 종합적인 창업 기반을 제공해 국내의 우수 친환경 기업을 광명으로 모이게 하고 있다. 지금까지 총 66건의 창업과 146건의 일자리 창출을 이끌어냈으며 2,556건의 스타트업 지원 실적을 달성했다. 2022년부터는 광명형 그린뉴딜 사업을 중심으로 광명시 환경문제를 해결하고 지역 일자리 창출 활성화에 더욱 힘을 쓸 예정이다.

이제 업사이클 아트센터는 2023년 시민체육관 옆에 문을 열게 될 업사이클 문화산업 클러스터를 통해 한 단계 성장한 업사이클 문화를 조성해 나가려고 한다. 업사이클과 에코디자인으로 지역경제를 활성화하고 미래 먹거리를 창출하는 새로운 청사진을 그려가는 중이다.

주권자가 똑똑해야
나라가 편하다

— 평생학습도시 광명

1999년 3월 9일, 광명시는 대한민국 지자체 최초로 평생학습도시를 선언했다. 교육부와 평생교육 전문가들은 놀랐다. 그것이 계기가 되었는지 교육부는 2001년 9월에 경기도 광명시, 대전 유성구, 전라북도 진안군을 평생학습도시로 지정했다. 광명시 평생학습센터를 설립하고 사무국장을 맡아 일했던 나는 학습도시 지정 공모 과정에 참여했다. 경기도에서는 부천시, 군포시가 참여했고 경기도에서는 광명시가 선정되었고, 교육부의 심사과정을 거쳐 광명시가 선정되었다. 그때만 해도 왜 지방자치단체가 교육에 관한 업무를 수행해야 하냐며 시정 공직자는 불만과 불평이 있었다.

지방선거의 가장 큰 의미는 새로운 정책을 시대정신에 맞는 과감한 정책을 수행하는데 있다. 광명시 평생학습센터 실무자들은 무에서 유를 창조하듯 미친 듯이 일했다. 즐겁고 행복한 일이었기 때문이다. 평생학습센터는 옛 보건소 자리에 평생학습원 건물을 짓고 20년간 운영하다 지금의 철망산 옆에 새롭게 확장하여 시민의 보편적 평생학습 활성화를 위해 일하고 있다. 그렇게 22년의 세월이 흘렀다. 광명시민은 말한다. 평생학습

도시를 주창했던 광명시가 시민의 학습역량을 확대하고 시민력을 키웠다고 주장한다.

시민의 보편적 평생학습권은 시민의 권리이다. 누구나 언제 어디서든지 원하는 것을 배울 수 있는 평생학습체제는 국가나 지방정부가 해야 할 중요한 의제이다.

평생교육은 평등해야 한다. 그래서 기회를 충분히 갖을 수 있도록 행정의 기본서비스 관점에서 다시 바라봐야 한다. 그동안 지방정부는 건물을 짓고 공부하러 오시라고 홍보했다. 하지만 실제로 공부하러 오는 대상은 매우 많지 않았다. 각자의 삶의 형태가 다르기 때문이다. 이제는 다가가야 한다. 그 방법은 평생학습 수당을 원하는 시민에게 직접 지급하는 것이다. 디지털 세상으로 바뀌었기 때문이다. 평생학습원 같은 강의실로 오지 않아도 집에서 직장에서 온라인으로 얼마든지 배울 수 있기 때문이다.

이제 광명은 평생학습도시의 새로운 미래를 열기 위해 나설 것이다.

전국 최초 장애인평생학습도시 선언문 발표

우리는
평생학습 주체로써 행복한 일상을 위해
언제 어디서나 배우는 평생학습의 권리를 누리고
배운 것을 나눈다.

우리는

누구든지 차별과 소외없이 참여하고

학습이 자립과 사회 구성원으로 성장하는 디딤이 되도록

장애인 평생학습 체계를 만들어 나간다.

우리는 광명시민으로써 서로 배우고 도우며 살아가는

장애인 평생학습 공동체를 이루기 위해 함께 노력한다.

우리는

지역사회 안에서 인권과 평등, 공정의 가치가 실현되는

더불어 살아가는 생명도시로서

광명시를 장애인 평생학습도시로 선언한다.

(장애인 평생학습도시 선언문)

광명시 장애인 인구는 12,928명(2020년 12월 기준)이다. 교육과 학습의 권리는 누구나 똑같아야 한다. 장애인 인구가 많은 것은 아니지만 그들도 소외되지 않고 권리를 누릴 수 있도록 기회를 제공해야 한다. 20여 년 이상 평생학습을 주창하며 지켜보았지만, 장애인을 비롯한 취약계층의 평생학습 기회는 여전히 소외되고 있었다. 다양한 계층의 보편적 평생학습 정책은 꼭 필요했다.

평생학습원장에게 장애인 평생학습센터 설립과 함께 추진계획을 지시했다.

장애인 평생학습센터를 설립하고 임기제 공무원을 먼저 채용했다. 2019년 3월에 장애인 평생학습 활성화 및 발전 방향 시민토론회를 개최하여 의견을 수렴하며 장애인 관련 평생교육 사업 현황 분석, 장애인 단체 현장 방문 조사, 전문가 자문, 장애인 면담 등을 거쳐 기본적 방향을 설정했다. 2019년 11월에 광명시 장애인 평생교육 지원에 관한 조례를 제정하고 운영위원회를 구성하는 등 체계를 구축하고 장애인평생학습도시를 선언하였다.

역시 제일 빠른 반응은 교육부에서 보였다. 교육부는 장애인 평생교육 정책 강화를 위해 지자체 공모사업을 펼쳤고 광명시는 이에 대응하여 시 예산을 포함하여 6억의 예산을 확보하여 장애인 평생교육을 펼치고 있다. 찾아가는 장애인 교육을 비롯하여 장애인 교육 컨설팅 사업을 하며 교사를 양성하는 등 여러 사업을 추진하며 장애인 평생학습인을 늘려가고 있다. 이 또한 전국의 모범 사례가 되고 있고, 많은 지자체에서 벤치마킹을 하고 있다. 장애인 평생교육의 전문성 강화를 위해 교육부 산하 국립특수교육원과 협약식을 추진하고 광명시가 장애인 평생교육의 새 길을 개척하고 있다.

이에 그치지 않고 장애인 복지 정책을 위해 장애인복지과를 신설하여 장애인 복지 중장기 발전 전략을 위한 5개년 추진계획을 수립하였다. 이 계획을 수립하면서 장애인들이 가장 원하는 정책은 차별 없이 살아갈 수 있는 환경 조성과 비장애인의 장애인에 대한 인식개선 요구가 가장 크다는 것을 알 수 있었다. 시민들에게 장애인들에 대한 차별적 인식을 없앨 수 있는 교육과 캠페인을 많이 해 달라고 하였다. 두 번째는 장애인과 비장애인이 함께 공간을 이용하고 배울 수 있도록 할 것을 인식조사에서 두드러지게 나타났다. 따라서 광명시가 계획하고 있는 장애인체육관, 장애인회관, 장애인평생학습관을 통합하여 건립할 때도 비장애인도 함께 어우러져 활동할 수 있는 공간으로 건립하기로 하였다.

장애인 평생교육의 최종 목표는 일자리이어야 한다. 학습의 기본은 누구든지 소통할 수 있는 환경을 만드는 것이고 활동의 범위를 넓히고 차별 없이 일자리를 갖게 하는 것이다. 각자가 조금 불편해도 모두가 행복할 수 있다면 그것이 최고의 행정이고 좋은 세상이 아니겠는가? 광명시는 발달장애인 자조 단체 지원사업을 통해 서로 돕고 활동하는 모임으로 출발하여 일에 대한 두려움을 없애고 조금씩 일자리를 만들어가는 사례를 창출하고 있다.

이웃과 함께 협력하고 동네의 문제를 해결하는 자치리더
광명자치대학

97년 어느 강연에서 노무현 대통령께서 이런 말씀을 하셨다.
"옛날에는 왕이 똑똑해야 나라가 편했습니다. 지금은 주권자가 똑똑해야 나라가 편하지 않겠습니까? 주권자로서 책임을 다합시다"

노무현 대통령은 깨어있는 시민의 역할에 대해 자주 말씀하셨다. 시민이 똑똑해져야 그 도시에 사는 시민이 편하고 시 행정부가 올바로 일할 수 있다. 4년마다 지방선거가 치러지고 시장이 바뀌기도 한다. 바뀌는 시장마다 정책이 바뀌고 변한다. 앞으로 진보하고 발전해야 하나 모든 지방정부가 똑같지는 않다. 더 성장하고 시민 위주로 발전하려면 시민이 똑똑해져야 한다. 기득권을 누리고 있는 특정한 세력에 의해 지방정부가 통제되는 것이 아니라 건강한 시민, 깨어있는 시민에 의해 통제되는 것이 바람직하다. 그런데 아직 우리 현실은 중앙집권적인 통제 방식에 익숙해져 있고, 지방자치의 역사가 짧다 보니 시 행정부 정책에 참여하거나 지역문제 해결에 주민이 주체적으로 참여하는 문화가 형성되어 있지 못하다. 문제는 참여의 경험이 적고, 참여할 수 있는 시스템이 적기 때문이다. 이것을 극복해야 한다. 이것을 극복해야 도시도, 나라도 제대로 성장한다. 그러기 위해서는 지역문제를 서로 협력하고 해결하려는 자치 리더가 많아야 한다. 그래서 나는 자치 리더 양성을 위한 마을자치대학을 시작했다.

일 년 동안 기획을 했다. 단순한 프로그램 접근으로 시작하면 실패할 수 있다고 생각했다. 평생학습원에 TF팀을 꾸려 여러 차례 회의를 통해 방향을 설정한 후 전문가를 모시고 자문하기로 했다. 성미산마을에서 오랫동안 마을 활동을 한 전문가 유창복 씨를 만났다. 그는 만나자마자 내게 물었다.

"자치대학을 하고자 하는 이유가 무엇입니까? 그리고 어떤 결과를 내고 싶습니까?" "마을을 이해하고 마을을 위해 일하고자 싶은 사람이 마을의 리더가 될 수 있도록 하고 싶다"고 말했다.

그러자 그는 "시장님의 뜻이 그런 것이라면 제가 도와 드리고 싶습니다" 그는 미리 준비한 듯 우리가 준비한 방향성에 대해 동의하면서 구체적인 안을 제시해 주었다. 매우 구체적인 프로그램 구성과 함께 대학처럼 1년 과정을 진행하고 입학식, 졸업식, 워크샵, 반 구성, 학과장 배치 등 교육 과정을 제시하였다. 공무원이 직접 운영하기는 어렵다는 판단과 함께 유창복 씨에게 자치대학 학장을 맡아 줄 것을 제안하였다. 그러자 흔쾌히 받아주는 대신 자치대학 운영에 대한 전권을 줄 것을 내게 제안했다.

민선 7의 새로운 정책 중심으로 학과를 선정했다. 물론 마을의 의제를 중심으로 했고, 시의 관련 부서와 협력하도록 했다. 자치분권학과, 마을공동체학과, 기후에너지학과, 도시재생학과, 사회적경제학과 총 5개 학과를 신설했다. 입학식 날에는 '왜 자치를 이야기하는가?"를 주제로 특강을 했다. 1981년 시 개청 이후 10년 단위로 광명시의 성장 과정을 이야기하고 향후 10년 단위로 어떻게 광명시가 성장할 것인가를 생각하며 질문하는 강의를 했다. 그리고 이 도시에서 우리는 어떤 생각으로 살아왔고, 앞으로 이 도시를 위해 무엇을 하며 살 것인가를 이야기 했다.

해방 이후 우리는 근대화를 거치며 고속 성장을 하였고, 주변을 살펴보기보다는 경쟁사회 안에서 오로지 개인의 행복을 위해서만 살아오지 않았는지 성찰하며 미래 사회는 나와 내 이웃, 우리의 다음 세대를 위해 살아가야 하는 이유를 이야기했다. 이 5개 학과에는 그 모든 것이 담겨 있다. 함께 협력하며 살아가는 길, 그 길만이 미래가 있고 행복한 것이라고. 그리하여 위대한 도시를 만드는 위대한 시민이 되자고 말하였다. 그 날 박수를 많이 받은 것 같다.

1차 서류 전형, 2차 면접이라는 다소 까다로운 절차를 거쳐 자치대학의 문을 열었다. 무조건 입학시켜야지 무슨 근거로 그런 절차를 거치냐며 항의를 받기도 했지만 학장에게 전권을 부여한 만큼 쓴소리를 가슴으로 삼켜야만 했다. 코로나19 때문에 대부분 수업이 비대면으로 할 수밖에 없어 걱정을 많이 했었다. 하지만 졸업생들의 워크샵에 참여하면서 그들의 학습 효능감이 매우 높은 것을 보고 자신감을 더 키우게 되었다. 향후에 그들이 지역에서 어떻게 활동할지는 모르겠다. 그러나 1년의 학습 과정에서 생긴 신뢰감과 협동력을 바탕으로 각자의 영역에서 시민리더로 왕성하게 활동할 것이라고 믿는다.

평생학습 장학금

영국 런던경영대학원의 린다 그래트 교수는 일의 미래에 대한 연구에서 일의 미래에 가장 큰 영향을 미치는 요소 5가지를 꼽았는데, 그 첫 번째로 기술의 발전을 힘주어 말했다. 흔히 말하는 4차 산업혁명을 이야기하는 것이다. 정보화 사회를 불러온 2000년대 초반에 세계는 평생학습사회를 떠들썩하게 이야기했고, 지금도 마찬가지이다. 가장 기본은 평생학습인 것이다.

그런데 10년 후 일의 미래를 이야기하는 린다 그래트 교수는 다가올 미래의 어두운 면도 말하고 있다. 24시간 온라인 생활을 하며 인간의 삶이 파편화되고 경쟁에서 밀린 사람들은 게임과 아르바이트를 전전하고 공동체가 무너지고 불안한 사회가 될 수 있다고 말한다. 반면에 밝은 모습은 협력과 참여를 통한 집단지성과 삶의 균형을 중시하는 일을 하기 위해 끊임없는 자기성찰과 자기 계발을 통해 자율성을 키워나갈 수 있다고 말한다. 그러기 위해서는 지식 자본을 축적하기 위해 학습을 게을리할 수 없고 다양한 영역의 지식을 축적할 필요가 있으므로 사회변화를 예측하고 자신의 커리어를 철저히 준비하자고 주장한다.

린다 그래트 뿐만 아니라 많은 미래학자들은 '인간은 학습하는 동물이다' 라고 말한다. 그런데 우리 사회는 과연 누구나 평생학습을 누릴 수 있는 사회인가를 돌아 보아야 한다..!

2020년 1월 어느 날 연초에 새로운 정책을 고민하다 기본소득 개념의 평생학습 수당을 구상하게 되었다. 담당 과장을 불러 내 의견을 제시하고 연구해 보자고 하였다. 바쁜 일정으로 잊고 있었는데, 김민석 후보가 국회의원 선거 공약으로 출마 선언에서 보편적 평생교육의 일환으로 온국민 평생학습 계좌제를 제시하는 장면을 동영상으로 목격했다. 생각이 비숫해서 너무 반가웠다. 당선된 후에 김민석 의원을 만났다. 거기에 적극 추진할 의사가 있는 몇 사람이 의기투합하였다. 평소에 존경하는 안양 만안의 강득구 의원과 영등포구 채현일 구청장, 논산시 황명선 시장, 화성시 서철모 시장, 그리고 몇분의 전문가들이 모여 (가칭)온국민 평생학습장학금 추진단을 만들어 학습하고 토론하며 4개 지방자치단체가 시범으로 추진하기로 했다.

나는 바로 토론회를 조직했고 너무도 의욕적으로 일을 진행했다. 서두른 탓이었는지 의견들이 분분했다. 반대 의견보다는 예산의 규모와 어느 대상으로 지급할 것인지 서로 의견이 달았다. 전 시민 대상으로 할 것인지, 30세부터 할 것인지? 50세부터 할 것인지, 취약 계층 위주로 할 것인지 많은 의견이 나왔다. 고용노동부 자료에 의하면 가장 많이 은퇴하는 연령이 50세이기에 50세에 50만 원을 지급하는 안으로 설계하여 의회에 상정하였는데 더 숙의할 필요가 있다며 예산안을 부결했다.

다시 시민공론화 위원회를 조직하여 80여명이 3시간의 격론 끝에 25세 이상 모든 시민에게 20만 원을 지급하는 안을 마련하여 보건복지부의 사회보장협의까지 거쳐서 의회에 상정했지만 이번에도 예산안을 삭감했다. 참으로 난감했다. 시 집행부의 설득력이 부족한 것인지, 나에 대한 부정적 인식 때문인지 알 수가 없었다. 어쨌든 2년간 노력한 평생학습 장학금 지급은 실패했다. 다시 의회와 진솔하게 논의하여 추진할 할 것이다.

평생학습 장학금(수당)은 모든 시민이 똑같이 누릴 수 있는 학습의 평등권 차원에서 매우 중요한 정책이다. 1999년 평생학습센터 사무국장을 맡아 일할 때 평생학습이란 글자만 보아도 가슴이 뛸 정도로 흥분되는 사업을 해 왔다. 많은 시간이 흘렀다. 성찰해 보면 개인의 역량과 환경에 따라 학습의 참여도가 매우 다르다. 필수노동자와 저소득층일수록 학습의 기회가 적다. 4차 산업혁명이라는 거대한 물결이 시작되고 있는데 그들은 학습의 기회를 누릴 시간이 없다. 그래서 더욱 그들에게 필요한 정책이다. 학습비를 지급하면 다양한 방식으로 각자의 환경과 처지에 맞게 배울 수 있는 것이다. 일자리가 필요한 사람, 마음의 정서적 안정이 필요한 사람, 자격증이 필요한 사람들에게 마중물 역할을 할 수 있는 것이다.

한국폴리텍대학 광명융합기술교육원

2020년 3월 분당에 이어 두 번째 도심형 캠퍼스인 한국폴리텍대학 광명융합기술교육원이 개원했다. 한국폴리텍대학 광명융합기술교육원은 고학력 청년실업을 해소하고 4차 산업혁명시대의 핵심기술과 미래 신산업 분야의 융합형 인재들을 양성하고 있다. 대학을 졸업한 미취업자를 대상으로 데이터분석과, 바이오의약시스템과, 3D제품설계과, 증강현실시스템과, 전기에너지시스템과 총 5개학과 과정으로 운영한다. 교육수료 후에는 수료생 100% 취업을 목표로 대기업 및 우수 중소기업, 금융기관 등 유망기업에 취업을 연계하고 있다. 이에 힘입어 졸업생의 평균 취업률은 90%가 넘는다. 특히 데이터분석과 하이테크과정 졸업생의 경우 2년 연속 전원이 취업에 성공하는 성과를 내기도 했다. 특히 입학생 중에 약 30% 정도가 광명의 청년들이라서 정말 기쁘다. 입학생 모집 때마다 시가 적극 나서서 열심히 홍보한다. 우리 지역의 청년들에게 취업의 기획가 더 많이 생기게 되었다.

지난 2019년 한국폴리텍대학과 업무협약을 맺던 날, 광명시 개청 이래 가장 경사스러운 일이 이루어졌다고 생각했다. 그동안 매번 선거 때마다 광명시의 모든 국회의원, 시장 후보가 대학을 유치하겠다는 공약을 해왔지만 현실의 벽 앞에 늘 실패했다. 그만큼 어려운 일이었다. 4년제 정규 대학은 아니지만 4차 산업 시대에 본격적으로 접어든 지금, 미래 기술인재를 양성하는 대학을 유치하게 됐다는 것은 참으로 경사스러운 일이었다. 광명의 많은 인재들과 함께 광명시를 이끌어 갈 수 있는 큰 기회가 생긴 것이다.

무엇보다 폴리텍대학 유치는 백재현 전 국회의원의 노력이 컸다. 고용노동부를 설득하여 광명시에 폴리텍 대학 융기원이 들어올 수있게 한 것이다. 어려움도 많았다. 정부의 법 체계 미흡으로 인하여 일하는 과정에서 문제가 생겼다. 그동안 한 번도 문제 되지 않았던 취득세 감면이 행정안전부 감사 과정에서 문제가 있는 것으로 파악되어 공직자 몇 명이 징계를 받게 되었다. 폴리텍 대학 유치를 위해 애썼던 공직자들이 징계를 받는 상황이 되어 경기도청 인사위원회에 찾아가 선처를 호소하기도 했다. 고생했던 공직자들께 감사드린다. 오로지 광명시를 위한 일에 앞장섰던 분들게 미안하고 감사한 마음이다.

일상에서 누리는
생활문화시대를 열자
- 시민이 만들어가는 문화도시 광명

지방자치 시대가 열리면서 본격적으로 지역 문화정책이 시행되고 각 지역의 문화예술은 많은 변화와 발전을 이루었다. 2014년 지역간 문화격차해소, 지역주민 문화생활 향상, 지역경쟁력 제고를 목표로 지역문화진흥법이 제정되면서 시민이 직접 문화예술의 주체가 되는 생활문화의 시대가 열렸다.

문화예술이 소수 엘리트의 전유물이 아니라 누구나 누릴 수 있는 것이라는 관점에서 시민들이 직접 누리는 생활문화는 이제 낯설지 않다. 광명도 예외는 아니다.

인구 30만의 도시 광명에서 생활문화동아리는 500개가 넘는다. 20년 넘게 활동하는 동아리 활동가들은 광명 생활문화의 산증인들이다. 장르도 다양한 시민 예술가들은 광명 곳곳에서 버스킹을 펼치기도 하고 봉사의 현장에서 재능을 나누기도 한다. 한편으로는 주민자치회 주최로 동네 음악회가 열리는가 하면, 시민 커뮤니티가 직접 기획하는 마을 축제도 열린다. 논이나 텃밭에서 농민 가수와 함께 막걸리와 음악을 즐기기도 하고, 시니어 무용단과 극단의 단원들은 나이도 잊은 채 무대에서 열정을 불태운다. 이렇게 성장한 시민 예술가들은 또 한편으로는 지역 시민사회의 리더로서 왕성한 활동을 보이고 있다.

예술가들이 찾아오는 광명

그렇다면 전문예술의 분야는 어떠한가? 광명에 거주하는 지역 예술가들에게 예술시장이 형성되어 있지 않은 광명은 살아가기 쉬운 곳은 아니었다. 그러나 최근 문화재단 설립과 함께 몇 년간 꾸준히 추진되어온 예술가 지원과 창작 활성화 정책으로 인해 광명의 예술가들을 둘러싼 환경이 조금씩 변화하고 있다.

또 한 편으로는 전국의 우수한 예술가들이 광명으로 찾아들고 있다. 한국관광공사의 홍보 영상으로 유명한 앰비규어스 댄스컴퍼니는 광명시민회관의 상주단체로 활동하면서 광명의 시민들과 함께 광명동굴 등 광명시의 곳곳을 배경으로 영상을 촬영하기도 했다.

기존에 활동하던 지역의 예술단체를 비롯해서 새롭게 광명에서 활동해 나가고 있는 다양한 예술가들이 만나고 있다. 예술가, 예술가와 시민, 전문예술가와 시민 예술가, 다양한 층위에서 협업과 연대를 통해 광명형 예술 생태계를 만들기 위한 움직임이 시작되고 있다. 즉 예술가들이 단순히 지원의 대상이 아니라 건강한 유기체로서의 예술 생태계를 만들어 나가기 위한 주체로 서기 시작한 것이다.

문화도시 정책의 의미

그런 측면에서 최근 전국적으로 열풍이 불고 있는 '법정 문화도시'사업의 의미는 무엇인가 생각해볼 필요가 있다. 문화도시 사업은 지역문화진흥법 제15조에 따라 문화를 통한 지속가능한 지역발전을 도모하고, 시민의 문화적 삶을 확산시킬 수 있도록 법적으로 지정하는 것을 말한다.

2019년 몇 개의 도시가 문화도시로 지정된 이후 전국의 많은 도시들이 법정 문화도시로 지정되기 위해 노력하고 있다. 경쟁이 치열해지면서 도대체 이 문화도시란 무엇인가 질문이 계속되어 왔고, 이 사업이 정부의 하향식 정책사업이 아닌 시민 주도의 상향식 사업이라는 것이 큰 시사점을 주고 있다. 시민이 주체가 되어 도시를 생각하고 도시의 발전을 어떻게 문화로 지속가능하게 할 것인가의 내용이 이 문화도시 사업의 가장 중요한 요소이다.

그렇다면 광명은 이미 문화도시가 아닌가? 광명은 이미 시민 주도로 평생학습도시를 일구었고, 시민자치와 협치의 경험들을 쌓아온 곳이 아니던가. '문화도시'에 대한 이야기가 나오자 시민들은 이미 우리는 문화도시가 아닌가요? 하고 반문했다. 그러나 광명이 어떤 문화도시가 되어야 할까? 라는 질문에는 쉽게 답하지 못했다.

지역의 문화예술이라고 하면 보통 전통문화나 역사자원과 연계된 콘텐츠를 떠올린다. 한때 유행처럼 퍼져나갔던 기초자치단체의 지역 축제들을 보면 지리적 특성과 관련된 역사적 문화적 자원들을 콘텐츠화하는 것이 주요한 과제였다. 이러한 축제들을 통해 도시를 상징하는 브랜드를 만들어 나가는 것도 분명 의미있는 일이지만, 바로 지금, 현재 이 지역(도시)를 살아가는 사람들의 삶이 담겨 있지 않은 도시의 브랜드나 콘텐츠의 생명력이 얼마나 갈 것인가 의문이다.

즉 문화도시는 바로 지금 광명에 살고 있는 시민들이 광명을 어떻게 바라보느냐에서 시작된다. 광명이 많이 변했다고들 한다. 도시 재건축과 도시재생, 새로운 상권 형성. 구도심과 신도심이 생기고, 원주민과 신주민이 생겼다. 오래된 추억의 공간들이 사라지고 있고 사라질 예정이다. 그리고, 또 새로운 광명의 모습들이 생겨날 것이다.

이러한 변화의 과정에서 지속가능한 광명을, 그것이 문화를 통해서 어떻게 가능할지 묻고 답하는 것이 문화도시의 과정이 될 것이고 그 과정에서 가장 중요한 것은 바로 지금 현재 광명을 살고 있는 시민들이다.

과제들, 어떤 문화도시가 될 것인가

2021년 설문조사에서 광명시민들의 광명시 내에서 문화활동 참여의 경험은 20% 안팎에 그친다. (〈2021 광명시 중장기 문화비전 및 실행방안 연구〉) 70% 이상의 시민들이 광명에서 문화적 생활을 누리지 못한다고 여기는 것이다. 특히 새로운 연령층이나 새로 유입된 주민들일수록 이 경험은 극히 미약하다. 기존의 방식으로는 이들과의 관계를 맺기가 쉽지 않다.

생활문화나 문화예술교육의 많은 대상이 시니어나 주부들이었지만, 이제는 직장인이나 청소년들의 다양한 요구가 터져 나오고 있다. 육아로 지친 젊은 부부들이나, 중장년층이 즐길 수 있는 프로그램은 아직도 많이 부족할뿐더러 기존의 일방적인 강좌 스타일을 벗어나지 못하고 있다.

한편 예술가를 포함해서, 시민들이 가장 많이 이야기하는 문제는 공간과 접근성이다. 활동할 수 있는 문화공간 및 전문 공연장과 전시장이 부족하며, 문화예술 관련 정보가 너무 흩어져있다는 것이다. 이러한 다양한 시민들의 요구를 채울 수 있도록 생활 근거리에서 문화생활을 누리기 위한 공간의 확보와 정보 플랫폼의 마련이 필요하다.

예술인들을 지원의 대상으로만 보는 것도 문제다. 건강한 예술 생태계가 조성되려면 교육과 창작, 유통이 유기적으로 연결 되어져야 한다. 예술가들의 성장과 재생산을 위한 환경 마련이 급선무다. 지역 문화예술생태계의 지속을 위한 가장 큰 과제는 시민과 예술가들을 향유나 지원의 대상으로만 보는 것이 아니라, 그들이 주도적으로 움직이고 실현해나갈 수 있는 지속적인 정책의 마련이다.

또 한편으로는 광명이라는 도시의 가치를 재발견하고 도시브랜드를 어떻게 창출할 것인가에 대한 고민이다. 역사적 의미에서부터 일상의 평화로까지 확장되는 평화도시 광명에 대한 고민과 더불어, 3기 신도시 조성과 물류의 중심 광명역(KTX)을 상징으로 한 글로벌 문화도시까지 그 가능성은 무궁무진하다.

문화도시는 아직 가보지 않은 길이다. 시민들이 진정한 주체가 되기 위해 역량을 높이는 노력이 계속되어야 한다. 또한 시민 속에서 행정과 전문가가 역할을 정립하고 다수 시민이 참여하는 민관 거버넌스는 문화도시의 중요한 요소가 될 것이다.

시민도 예술가도 함께 자기 역할 속에서 같은 탐구와 실천을 통해 자기 삶의 기획을 해나가고 그 경험치를 확대해 나가야 한다. 행정이 내려놓아야 할 부분도 있지만 시민들도 공적 책임을 지고 실천해 나가는 과정에서 그 길이 보일 것이다.

시민들이 자신의 행복으로부터 시작하여 만남과 관계를 만들고 광명의 미래를 모색하며 새로운 가치를 만들어내는 과정, 그 과정이 바로 "삶이 곧 문화이며 예술"이 되는 문화도시 광명의 모습일 것이다.

사는 곳이 바로
휴식공간이 된다

– 정원문화도시

광명은 안양천과 목감천이 도시를 감싸 흐르고, 도덕산과 구름산, 가학산, 서독산이 도시의 가운데에 자리잡고 있다. 4개의 산을 중심으로 동쪽은 아파트 단지들이 많이 들어서 높은 인구 밀집현상을 보이고 서쪽은 대규모 개발이 한창 진행 중이다. 대규모 개발이 끝나면 광명의 인구밀도 증가는 피할 수 없을 것으로 예상된다. 도시가 성장하고 발전하는 좋은 기회이기도 하지만 문제는 공간이다. 대규모 개발로 건물을 지으면 실내공간은 확보가 된다. 먹고 자고 일하는 공간은 늘어난다. 하지만 걷고 쉬고 산책하며 쉴 수 있는 공간은 점점 줄어들게 된다. 빽빽한 아파트가 들어서기 전, 사람들은 집마다 마당을 두고 각자의 정원을 가꾸며 쉼과 여유를 누렸다. 하지만 지금은 늘어가는 고층빌딩 사이에서 함께 누릴 공동의 녹지공간마저 사라져가고 있다.

이러한 문제가 조금씩 깊어지면서 정원에 대한 우리 국민의 관심이 증가하기 시작했다. 2017년 조사 결과 정원에 관심이 있는 경기도민이 64%에 이르렀다고 한다. 국제적으로도 정원박람회가 이어지고 있으며 정원산업 역시 증가하는 추세이다. 특히 코로나19와 기후 위기로 어려움을

겪게 되면서 탄소중립의 필요성과 녹지공간의 중요성을 더욱 체감하고 있다.

앞으로 정원에 대한 사람들의 관심은 계속 높아질 것이다. 광명은 이러한 요구에 발맞추고 시민과 함께하는 마을 정원을 중심으로 정원도시라는 새로운 비전을 만들고 있다. 안양천과 목감천, 4대산이 있는 광명은 수도권의 회색 숲 사이에서 뛰어난 녹색 환경을 자랑한다. 이런 자연 친화적인 환경으로 광명은 도심 속 정원을 활성화하기 위한 필요충분조건을 갖추었다고 볼 수 있다.

그간 정원도시로 나아가기 위한 과정의 하나로 목감천과 안양천을 시민공원으로 가꾸고, 안양천을 국가정원으로 지정하는 사업을 추진해 왔다.

또 도덕산 유아 숲체험, 도덕산 어린이 놀이터와 같은 자연 속 쉼터를 확대하고 기존의 녹지공간을 정비하는 도시숲 리모델링 사업을 진행 중이다. 본격적인 정원도시 준비를 위해 경기도 정원박람회 유치 경쟁에 뛰어들어 2023년에 광명시에서 벽람회를 유치하게 되었다.

목감천, 안양천을 시민공원으로

광명의 동과 서를 아우르는 안양천과 목감천이 시민 휴식 공간으로 재탄생하고 있다. 바쁘고 빠르게 돌아가는 삶 속에 쉬어갈 수 있는 공간으로, 코로나19로 만남과 여가생활도 어려운 답답함 속에 자연 속 활력 공간으로, 지인들과 즐거움을 나누고 에너지와 힐링이 공존하는 공간으로 바꾸고 있다.

집중호우 시 시흥과 학온동 상류에서부터 광명동 도심지에서 흘러 내려오는 많은 빗물을 담아 수위가 급상승하는 목감천은 2020년 국가하천으로 지정되어 안전을 위한 저수호 안 정비와 생태환경 보전을 위한 제초작업을 실시했다. 또한 보행로를 신설하고 자전거도로를 정비하는 등 시민들이 일상 속에서 자연과 함께 여가를 즐길 수 있는 공간으로 변모했다. 여기에 광장과 무대, 잔디광장을 조성하고 공공화장실 1개소를 신설하여 편의시설은 물론 쾌적하고 안전한 하천 수변공간으로 바뀌어가고 있다.

의왕시 백운산 서쪽에서 시작하여 안양, 광명, 서울을 거쳐 한강으로 합류되는 안양천은 체육 시설로도 손색이 없지만 하천 변 자전거 도로의 기능도 잘 갖추고 있다. 여기에 제방 산책로를 연결하는 데크를 설치하고, 저수호 안에 산책로를 조성해 꽃밭과 포토존이 있는 산책코스가 마련되었다. 철산 13단지 인근 제방 주변에는 250평 규모의 피크닉 광장이 만들어져 가족이나 친구와 함께 나들이를 즐기기에도 좋다.

안양천 국가정원을 꿈꾸다

우리 광명시민을 위한 쉼과 치유의 공간이자 자랑거리인 안양천을 더욱 아름답게 가꾸어가고자 지난 2021년 5월 안양천을 접하고 있는 7개의 시·구(구로, 금천, 영등포, 양천, 군포, 의왕, 안양)와 '서울-경기 안양천 고도화·명소화 사업' 업무 협약을 맺었다. 이에 따라 인근 7개 지자체와 연대해 안양천을 통합적으로 관리하고 안양천을 하나로 이어 100리길의 친수공간을 가꾸는 작업을 진행 중이다.

광명이 이렇게 안양천 가꾸기에 열심히 공을 들이는 데에는 이유가 있다. 안양천을 단순한 시민공원에서 한 단계 발전시켜 즐길거리와 볼거리가 풍부한 국가 정원으로 만들겠다는 목표가 있기 때문이다. 이를 위해 업무 협약을 맺었던 8개의 시·구와 '안양천 명소·고도화 행정협의회'를 구성하고 이들 시·구와 함께 안양천 국가정원 지정 사업을 본격적으로 시작했다. 행정협의회는 현재 서울권 안양천 고도화사업을 진행하고 있으면 2022년부터 2025년까지 3년 동안 경기권 안양천 고도화 사업을 진행할 계획이다.

안양천이 국가정원으로 지정되기 위해서는 반드시 거쳐야 할 단계가 있다. 우선 지방 정원으로 지정되어 3년간 지방정원으로서 충분한 역할을 한 이후에 국가정원 지정이 가능하다. 그래서 광명은 2022년 경기도에 경기권역 안양천 지방정원 등록을 신청하고 2026년 산림청에 서울·경기권역 전체 안양천 국가정원 지정을 신청할 계획이다. 현재는 경기권역 안양천 고도화사업 기본계획 수립 용역을 광명시가 총괄하여 추진하고 있다.

도덕산 유아숲체험원과 하안동 어린이 체험놀이터

아파트로 둘러싸인 놀이터에서 우리 아이들의 활동은 제한적이다. 오래된 숲 냄새를 맡으며 새가 지저귀는 소리를 흉내 내며 자연에서 맘껏 뛰어놀 수 있다면 우리 아이들이 얼마나 건강해질까? 광명의 도덕산 유아숲 체험원이 바로 그런 곳이다.

도덕산 유아숲체험원은 2019년 설계단계부터 시민의 의견을 반영하여 조성됐다. 26,272㎡ 부지에 놀이시설과 휴게시설이 다양하게 마련되어 있다. 아이들의 오감을 성장시킬 수 있는 조합놀이대, 짚라인 놀이터, 정글집, 밧줄체험 놀이터, 숲소리·꽃이름 체험장, 통나무 오르기 등의 시설이 2020년 9월부터 3개월에 걸쳐 완성되었다. 아이들을 잘 아는 엄마, 아빠의 아이디어가 담긴 놀이시설 하나하나는 숲속 행복 놀이터를 만드는 기초가 되었다. 이곳에서 우리 아이들은 풀꽃향기도 느끼고 벌레와 친구가 되어 자연이 주는 가르침을 배우며 꿈을 키운다.

하안동 어린이 체험놀이터 또한 획일화한 놀이터가 아니라 자연 속에서 창의적인 놀이 활동을 할 수 있는 공간이다. 도덕산 캠핑장 입구에 있던 기존 양묘장을 이전하고 3,478㎡ 부지에 짚라인과 트램폴린, 모래놀이, 물놀이 펌프 등 15개의 체험형 놀이시설을 설치했다. 하안동 어린이 체험놀이터는 놀이터를 직접 이용할 어린이들의 의견을 반영해서 꾸며졌다. 하안초등학교 5학년 학생들과 함께 두 번의 워크숍을 진행하며 아이들의 눈높이에 맞는 놀이터를 디자인했다. 그 결과 휴일이면 광명의 아이들이 이곳에 다 모인 것처럼 인파가 북적인다. 광명뿐 아니라 인근 지역에서도 아이들을 데리고 찾아보는 모습을 보며 아무리 시대가 변하더라도 아이들에게는 자연이 필요하다는 것을 또다시 느낀다.

마을정원을 가꾸자

정원도시 완성을 위해 필요한 마지막 열쇠는 시민이다. 도시 전체가 정원으로 모습을 갖추기 위해서는 안양천과 새빛공원, 4대산과 같은 기존의 녹지공간들을 이어줄 마을정원이 있어야 한다. 정원에서 정원으로 이어지는 정원망을 형성해야 하는 것이다. 이 마을정원을 형성하는데 중요한 역할을 하는 것이 바로 시민의 힘이다.

정원을 만드는 일은 시간이 걸린다. 나무도 꽃도 살아있는 생명이기에 정성을 들여 키워내야지만 더 아름다운 모습으로 피어나기 마련이다. 그래서 시민의 참여가 더욱 필요하다. 마을 정원을 우리집 정원처럼 여기며 함께 가꾸어 가야 한다.

광명시는 2021년 '정원문화 조성 및 진흥 조례'를 제정하고 2022년 3월부터 6월까지 전문교육기관 교육으로 25명의 시민정원사를 양성하기로 했다. 이렇게 양성된 시민정원사와 함께 동네의 마을정원, 수직정원, 꽃길 조성부터 경기정원문화박람회까지 차근차근 추진해 갈 예정이다.

자족도시로 도약하는 광명시

– 경제도시

민선 7기 시장으로 취임하고 나서 1년 반이 지났을 무렵 코로나가 전 세계를 위협하기 시작했다. 코로나의 확산세가 빨라지자 광명시도 정부의 사회적 거리두기 지침에 따라 사적 모임과 다중이용시설 운영시간을 제한하고 코로나를 잡기위해 최선을 다했다. 그러나 예상보다 코로나는 끈질기게 살아남았고 시민들의 피해와 어려움은 갈수록 깊어졌다.

광명시는 시민의 피해를 최소화하고 코로나를 조기 극복하고자 2020년 3월 민생안정, 경제활력, 협력 지원 3개 분야 32개 부서가 참여하는 '민생·경제 종합대책 T/F팀'을 구성했다. 이어 2020년 5월 코로나의 장기화에 대비해 일자리 분야를 추가한 '민생·경제·일자리 종합대책본부'를 구성했다. 매월 수시로 회의를 갖고 광명시에 맞는 실질적인 대책 마련을 위해 머리를 맞댔다. 피해가 컸던 소상공인을 위한 지원부터 돌봄 공백 해소, 일차리 창출, 재난취약 계층 복지 강화 등 촘촘한 사회적 안전망을 구축하기 위해 노력했다.

코로나 자가 격리후 복귀한 사장님과 함께

코로나 극복을 위한 민생, 경제일자리 대책본부

특히 민생경제의 근간인 골목상권을 다시 일으켜 세워야 했다. 당장의 어려움 해결을 위해 소상공인 임대료 등 경영자금 지원, 소상공인 영업 전념 특례 보증 지원, 광명사랑화폐 활성화, 중소기업육성자금 융자지원, 중소기업육성자금 특례 보증 등 우리시 예산안에서 최대로 지원했다. 아울러 소상공인 실태조사를 추진하여 소상공인 지원을 위한 장기적인 계획을 수립하고 소상공인 경영환경개선, 창업교육, 역량강화 워크숍, 소상공인 조직화 지원 등 소상공인의 자립을 위한 역량강화와 인프라 보완도 함께 추진해 나갔다. 또한 중소기업 생산판로 맞춤형 지원사업과 디자인개발 지원사업 등 관내 중소기업을 위한 다양한 지원도 마련했다. 그 노력을 대외적으로도 인정받아 경기도기초자치단체 '중소기업·소상공인 지원노력 평가조사'에서 광명시가 1위를 차지하기도 했다.

아직 위기가 이어지고 있지만 머지않아 위드 코로나가 시작된다면 분명 회복할 수 있는 기회가 찾아올 것이다. 그때까지 우리는 함께 이겨내야 한다. 지방정부로서 해야 할 일은 정부의 방역지침에 따른 시민의 생명과 안전 확보, 그리고 그 과정에서 피해를 본 시민에 대한 적절한 지원, 그리고 다가올 기회의 순간을 제대로 잡기 위한 사전 준비라고 본다. 이를 위해 코로나 위기가 끝날 때까지는 모든 역량을 코로나 대응에 집중하고 치열하게 싸울 것이다.

지역을 살리는 착한 소비, 광명사랑화폐

광명시 골목을 지나다 보면 파란색 '광명사랑화폐 카드 사용처' 스티커가 붙은 가게들을 확인할 수 있다. 광명시가 발행하는 지역화폐인 광명사랑화폐의 가맹점들이다. 광명시 내 음식점, 학원, 전통시장 등 연 매출 10억 원 이하의 가게에서 사용이 가능한 광명사랑화폐는, 광명의 자금이 역외로 유출되는 것을 막아 광명의 소상공인들의 매출액 증대와 지역경제 활성화에 도움을 준다. 광명시에서는 광명사랑화폐의 사용을 장려하기 위해 본인이 충전한 금액의 6~10%를 인센티브로 제공하고 있다.

광명사랑화폐는 광명의 지역경제에 선순환을 가져오는 착한 소비라고 할 수 있다. 대기업 위주로 자금이 흘러가던 기존 소비를 관내의 소상공인에게로 돌려 지역 소비를 증가시키는 역할을 한다. 그 결과 지역의 고

용을 확대하고 생산을 유발하는 효과를 불러오게 되며, 이는 또 다른 소비를 촉진한다.

발행을 시작한 지 3년이 된 지금은 광명사랑화폐가 소상공인과 소비자 모두에게 경제적인 이득이 있다는 공감대가 형성되며 활발한 사용이 이루어지고 있다. 특히 코로나로 소상공인들의 피해가 극심했던 2021년에는 광명사랑화폐 사용이 대폭 늘어났다. 광명시에서는 소상공인을 지원하기 위해 광명사랑화폐의 개인별 인센티브 구매 한도를 두 배 이상 확대했고, 그 결과 2021년 처음 발행목표였던 650억을 초과 달성해 11월까지 905억 원의 화폐를 발행했다. 그만큼 외부로 유출되던 자금의 흐름이 광명시 안으로 향하며 지역경제 회복을 위한 마중물 역할이 되어주었다.

배달 앱 '놀장'으로 전통시장 활성화

코로나로 경제적인 타격을 입고 어려움을 겪는 것은 전통시장의 상인들도 마찬가지이다. 또한 대형 마트들이 골목상권까지 파고들며 소상공인과 전통시장의 상권을 위협하고 있다. 오랫동안 광명시 상권의 핵심이었던 전통시장이 밀리는 것은 매우 아쉬운 일이다. 전통시장에는 물건을 사고파는 단순한 행위를 넘어 특유의 정이 넘치는 문화가 있다. 우리의 전통과도 같은 이런 문화가 없어진다는 것은 다시는 메울 수 없는 큰 손실이 될 것이다. 그렇기에 전통시장의 활성화에 더 관심을 기울이고, 전통시장에서의 구매가 많이 이루어지도록 다양한 편의시설과 접근방법을 마련해야만 했다.

비대면 서비스가 발전하며 인터넷으로 주문하고 당일배송까지 이루어지는 시대가 찾아오자 전통시장 상인들의 어려움은 더욱 깊어졌다. 시민들이 전통시장을 찾는 수고로움을 피하기 시작한 것이다. 광명시에서는 고민 끝에 대형 마트들이 실시하고 있는 배달서비스를 전통시장에 도입하기로 했다. 젊은이들이 대형 마트를 선호하는 이유가 편리함인 것에서 착안하여 전통시장에도 편리함을 더하기로 했다. 그리하여 2020년 3월 전국 최초로 전통시장 배달 서비스 앱인 '놀장'을 개발했다. 집에서 편하게 스마트폰으로 광명 전통시장의 물건을 고르고 결제하면 2시간 내에 집으로 배달해주는 서비스다. 시민들의 반응은 뜨거웠다. 값싸고 신선한 물건을 편리하게 구매할 수 있다는 장점에 기존 시장 구매자들뿐 아니라 젊은 구매자들 또한 유입되어 시장이 활기를 찾기 시작했다.

더불어 광명시는 전통시장 활성화를 위해 매년 전통시장 할인 행사를 지원하고 있다. 광명 전통시장에서는 봄꽃 나눔 이벤트, 김장이벤트, 크리스마스 이벤트 등을 추진하고, 새마을 전통시장에서는 1일 경품행사를 추진했다. 또한 방역과 위생관리가 어려운 전통시장에 철저한 방역을 지원하고 상인들에게 마스크를 배부하여 안심하고 장을 볼 수 있는 환경을 마련하였다.

꿈을 그리는 창업캔버스, 창업지원센터

새로 꿈을 시작하는 창업자들을 위한 지원도 강화했다. 광명의 창업가들에게 사무 공간과 커뮤니티, 코워킹 공간을 함께 제공하는 스타트업 생애 전반 지원시설인 광명시 창업지원센터가 2020년 새롭게 문을 열었다. 스타트업에게 필요한 교육, 멘토링, 자원 연계 등을 중심으로 창업기반을 다지고 창업 후의 사후관리 프로젝트까지 책임진다. 여러 창업가들이 정보를 공유하며 사업 안정화 단계까지 든든한 베이스캠프로 삼을 수 있는 공간이 되어주는 것이다.

창업자들이 가장 필요로 하는 창업자금도 지원한다. 아이디어나 기술력은 있지만, 사업 기반이 없어 포기하는 역량 있는 예비창업자와 초기 창업자를 지원하기 위해 창업자금 지원사업을 시작했다. 2017년부터 우수 아이디어를 가진 지역 창업자를 선정하여 지금까지 총 48억 원의 창업자금을 지원했다. 창업자금은 사업계획서 평가 및 중간 점검, 꼼꼼한 정산 과정을 통해 지원하고 아이템 개발비, 광고 마케팅비, 역량 강화비 등으로 사용할 수 있다.

자족도시로의 도약! 광명시흥테크노밸리

광명시흥 테크노밸리는 광명시 가학동 일원의 약 74만 평의 면적에 4개의 개별 사업인 도시첨단사업단지, 일반산업단지, 유통단지, 공공주택지구가 하나처럼 서로 연계하여 추진하는 대규모 개발사업이다. 2024년 준공 예정인 광명시흥테크노밸리에는 광명시흥 특별관리지역 내 무분별하게 산재한 제조 및 유통업체를 이전·정비하여 안정적인 영업 여건과 다양한 일자리가 만들어질 것으로 기대된다. 또한 서해안 고속도로와 제2·3경인 고속도로가 인접해있고 광명역이 가까이 있어 광역교통 여건이 상당히 좋다. 여기에 2025년 신안산선 신설역사인 학온역(가칭)이 들어서면 명실상부한 수도의 서남부의 핵심 거점단지로 떠오르게 될 것이다. 광명시에 처음으로 만들어지는 대규모 산업단지인 만큼 광명시가 서울의 침상도시 이미지를 벗고 수도권 서남부 4차산업의 중심지로 발돋움하는 원동력이 되어줄 것으로 예상된다.

광명문화복합단지로 다시 태어날 광명동굴

광명동굴은 우리나라 100대 관광지 중 하나이다. 전임 시장이 8년간 심혈을 기울여 폐광을 개발하여 관광지로 만든 것이다. 그러나 광명동굴을 지속적인 관광지로 만들기 위해서는 주변의 개발이 필요했다. 광명동굴 주변 약 17만 평에 자연친화적이며 체험 중심의 다양한 문화공간을 조성하기 위해 광명문화복합단지 도시개발사업을 추진하고 있다. 광명문화복합단지는 자연과 문화, 관광, 쇼핑 커뮤니티가 융합된 대규모 문화단지로, 광명동굴의 부족한 기반 시설을 확충하고 광명시민과 방문객이 일상에서 벗어나 가족, 연인, 친구와 함께 다양한 체험활동과 문화생활을 영위할 수 있도록 조성될 예정이다. 광명시흥테크노밸리와 연계한 MICE산업 및 복합문화공간을 조성하고 광명동굴과 연계하여 자연과 함께 공존하는 공간으로 꾸며질 계획이다. 2022년 상반기 경기도로부터 도시개발구역 지정 및 개발계획 승인을 받을 계획이며 2026년 준공을 목표로 추진 중이다

신혼희망타운! 하안2지구 공공주택사업

최근 급등한 집값으로 민생현안이 되어버린 주택난 해소를 위해 무주택 서민들을 위한 공공주택사업이 진행 중이다. 안터마을부터 밤일마을, 노

온정수장까지 이어지는 약 18만 평의 부지에 무주택 서민, 청년층과 신혼부부를 위한 양질의 공공주택 4,000호가 들어선다. 첨단산업을 유치해 일자리 공간 또한 창출될 예정이며 보육과 육아 서비스에 특화된 다양한 공공복지 문화시설이 마련되어 신혼부부 맞춤형 공공주택이 들어설 것으로 보인다. 아울러 주거공간을 공유하는 쉐어형, 창업지원형 등 맞춤형 청년 주택을 공급하는 등 광명시민의 생애 단계, 소득 수준에 따른 주거 수요를 다양하게 만족시킬 수 있는 공간들로 배치될 계획이다. 주민들의 찬성과 반대로 갈등을 빚다 뒤늦게 사업을 추진하게 되었다. 그러나 주택만이 아니라 청년층의 일자리를 위한 자족시설 용지를 최대한 확보하기 위해 노력하고 있다.

구름산지구 환지 개발 사업

1979년 이전까지 서면사무소가 있었던 유서 깊은 옛 광명의 중심지인 가리대, 설월리, 40동 마을에 신도시급의 변화가 시작된다. 6개 단지의 아파트가 들어서고 주민을 위한 충분한 공공시설과 넓은 근린공원이 마련될 예정이다.

구름산지구 도시개발 사업은 광명시 소하동 가리대사거리 주변부터 서면초등학교 인근까지 약 23만 평의 면적에 5,059세대를 수용할 수 있도록 부지를 조성할 예정이다. 환지 방식으로 진행되는 도시개발사업으로, 쉽게 설명해 토지소유자들이 땅으로 모두 힘을 합하여 마을을 개발하고 개발된 땅을 돌려받는 방식이다. 현재 환지계획에 따라 지장물 보상을 위한 절차를 진행 중이며, 2023년도에 본격적인 이주와 철거 진행 후 체

비지 매각을 하여 사업비를 마련할 예정이다. 그 후 기반 시설 공사를 착수하여 2025년까지 부지조성 준공을 목표에 두고 있다.

각각의 이해관계가 가장 많이 충돌하는 사업이다. 하안동 밤일마을 환지 개발을 해봤던 공무원들은 처음에는 자신 있게, 쉽게 출발했지만, 시간이 흐를수록 많이 어렵고 힘들어했다. 23만 평이라는 큰 단지이기도 하지만 많은 토지주와 협의하기가 쉽지 않기 때문이다. 특히 구름산 지구 내에 종교시설이 있어서 신부님과 스님을 찾아다니며 서로 다른 입장을 좁혀 나갔던 취임 초의 기억은 아직도 생생하다. 광명시가 직접 시행하는 사업이라 충돌 없이 사업을 추진하고자 하는 직원들에게 늘 격려하며 조금씩, 한 단계씩 사업을 진행하고 있다.

광명시 사회적경제의 꽃이 피어납니다

– 사회적 경제 도시

사회적경제는 고도성장과 무한경쟁의 사회에서 경제적 이윤보다는 협동과 연대를 통한 사람의 가치를 중심에 두고 있다. 주체인 구성원 간의 협력과 자조를 바탕으로 재화나 용역의 생산 및 판매를 통해 사회적 가치를 창출하는 민간의 모든 경제적 활동을 일컫는다. 사회적 가치와 더불어 민주적 운영원리를 추구하는 호혜적인 경제 활동이다.

사회적경제는 지역경제 공동체의 회복을 위한 민간활동의 역할과 지방정부의 역할이 함께 강화되어야 한다는 생각을 오랫동안 해 왔다. 경기도의원 시절 '사회적경제 활성화 포럼'회장과 '전국 사회적경제 지방의회 협의회' 공동대표를 맡아 활동하면서 광명에서 어떻게 사회적경제를 활성화하고 이것을 지역공동체와 연계시켜 나갈 것인지에 대한 많이 고민했었다.

지금도 사회적경제 활성화를 통해 일자리 창출과 지역공동체 재생을 추구하는 데 뜻을 모은 전국 기초자치단체의 협의체 '전국 사회연대경제 지방정부협의회'회원으로도 활동하고 있다.

광명시는 2021년 7월, 사회적경제과를 신설했다. 중간 조직인 사회적경제센터를 만들어 활동해 왔지만, 지속적이고 안정적인 지원을 위해서는 전담 조직인 사회적경제과 신설이 필요하다고 판단했다. 아직도 우리 사회와 행정 조직은 사회적경제에 대한 인식이 부족하다. 따라서 좀 더 집중적인 지원과 예산 투자가 필요하다. 사회적경제 활성화는 경제 활동에서의 사회적 가치 창출, 사람 중심 경제, 공동체 활성화, 민주적 운영을 통한 시민성 제고 등 지속 가능한 사회를 위한 주춧돌이다.

광명시 사회적경제 현황

광명시는 현재 132개(21년 11월 말 기준)의 사회적경제 기업이 있다. 사회적기업 19개, 마을기업 9개, 협동조합 95개, 자활기업 9개 등이다. 2017년 80개 대비 165% 증가하였다. 인력과 예산을 투자하면서 점점 창업자기 늘어나고 있다.

사회적경제 창업아카데미, 사회적기업 발굴 및 육성을 위한 창업 지원사업, 사회적경제 기업들을 위한 역량 강화 프로그램, 홍보 및 판로지원 사업 등 사회적경제 기업들이 확대될 수 있도록 민관 협업을 통해 프로그램을 기획하고 있다.

사회적경제 기업들은 문화예술 공연 및 교육, 노인복지센터, 햇빛발전소, 도시락·단체 급식·요리 교실, 방문 돌봄, 디자인·인쇄출판, 숲유치원, 인테리어, 병원 동행 서비스, 시설관리·청소·소독 등 여러 방면에서 사회공헌 활동을 통해 시민들과 지역의 소외계층과 연대와 협력을 실천하고 있다.

사회적경제는 여전히 낯설다. 사회적경제 기업제품과 서비스가 있어도 시민들이 모르면 관심을 가지지 않고 사지 않는다. 사회적경제 기업제품이 소비자의 선택을 받아야만 기업이 지속할 수 있고 사회적 가치도 창출할 수 있다. 사회적경제 인식 확산 교육·캠페인이 일상화 되어야 한다.

광명시는 '시민과 함께하는 사회적경제&공정무역 오픈박스'를 통해 사회적경제 및 공정무역 제품으로 사회적경제의 의미와 사회적 가치, 사람 존중을 스토리화 하여 5인만 모이면 찾아가는 체험형 프로그램을 운영했다.

'청소년과 함께하는 사회적경제&공정무역 학교'를 통해서도 17개 초중고

학생들을 만났다. 사공상상(사회적경제와 공정무역을 상상하고 실천하자) 서포터즈 100인도 시민들에게 사회적경제를 알리는 스피커 역할을 하고 있다.

사회적경제 나눔장터, 세계 공정무역의 날, 사회적경제&공정무역 페스티벌 등의 행사를 통해 올해 7,400여 명의 시민과 소통하면서 사회적경제를 더 많이 알리고 관심을 가지는 계기를 만들고자 하였다.

국내 8번째 공정무역 도시, 광명

공정무역 운동이란 저개발국의 생산자와 노동자가 만든 물건을 공정한 가격에 거래함으로써 그들의 경제적 자립을 돕고, 소비자에게는 윤리적·환경적 기준에 부합하는 좋은 제품을 제공하는 전 세계적 시민운동으로, 공정무역 도시는 지역사회의 모든 분야에서 공정무역을 지지하고 실천하는 도시다. 전 세계적으로 2,083개의 공정무역 도시가 있으며 한국에는 18개가 있다. 광명시는 지난해 8월 국내 8번째로 공정무역 도시가 되었다. 우리는 모두 세계시민이다. 세계시민으로서 더불어 잘 살기 위해 나부터 윤리적 소비를 실천하는 것. 더 많은 시민이 공정무역 운동에 동참할 수 있도록 공정무역 가게도 확대할 예정이다.

사회적 경제정책 평가 최우수기관 선정

광명시는 사회적경제 활성화 전국네트워크와 고용노동부가 주관한 2021년 제 3회 지방자치단체 사회적경제 정책 평가에서 최우수기관으로 선정되었다. 지방자치단체 사회적경제 정책의 수립 및 집행에 대한 평가를 통해 광역 및 기초지자체 담당 공무원, 지자체장이나 의원, 민간 당사자 등 이해관계자들의 사회적경제 정책의 현재와 발전 방향에 대한 이해도를 높이고, 더 좋은 사회적경제 정책의 수립과 집행에 이바지하는 선순환 체계를 강화하기 위함이다.

광명시의 사회적경제 활성화 사업들이 위 내용들에 부합되어 평가받았기에 의미 있고 앞으로 자신감을 가지고 더 적극적인 정책을 펼치고자 한다.

광명시는 사회적경제를 통해 사람 중심의 따뜻한 지역사회를 구현하기 위한 이상을 가지고 사회적경제의 자생적 성장 기반 및 선순환구조를 조성하고 혁신과 상생의 공동체 강화 연계를 목표로 한다.

기존 사회적경제 기업 역량 강화, 홍보 및 판로지원, 사회적경제 기업 육성을 위한 사업을 적극적으로 펼치면서 사회적 금융, 공유경제, 공정관광, 주민자치회와 사회적경제 연계 등 새로운 사업을 통해 시민들이 관심 가지고 참여할 수 있도록 할 것이다.

광명시 사회적경제의 꽃이 조금씩 피어난다. 일자리도 만들고 사회문제도 해결하는 착한 경제가 바로 사회적경제이다. 빵을 팔기 위해 고용하는 것이 아니라 고용하기 위해 빵을 판다는 정신을 갖고 지속해서 추진한다면 우리 사회는 더욱 건강해질 것이다. 그래서 많이 연구하고 많이 참여하도록 해야 한다. 원하는 사람들에게 교육은 일자리가 되고 창업이 되는 사회를 만들겠다는 우리의 의지가 커질수록 사회적경제의 꽃은 더 피어날 것이다.

'혼자만 잘 살믄 무슨 재민겨'
– 함께 잘사는 복지도시 광명

품위 있는 빈곤은 과연 가능할까? 건강, 생명, 식량, 교육은 우리가 살아가는데 기본 필수품이다. 자본주의 사회가 성장하면서 이런 기본적인 것들은 보장되고 있는가? 우리는 복지를 외치지만 여전히 이런 기본적인 생활을 누릴 수 있게 만들어 주는 사회 기반은 부족하다. 정부가 수많은 복지 정책을 내놓고 있지만, 기본권을 누리지 못하는 사각지대는 여전하다. 나는 복지 도시를 지향하면서 기본적인 초점을 여기에 맞췄다. 복지 사각지대의 발굴이 필요하다. 복지 관련 회의 때마다 사각지대에서 고통받고 있는 시민을 찾으라고 지시했고, 발굴한 공직자에게는 그에 상응한 포상을 하라고 했다.

위기의 순간에 함께 대응하고 함께 이겨내는 광명시민의 힘

코로나19 바이러스 확산 이전에도 우리는 위기의 상황들을 많이 접했고 함께 했다. 코로나로 우리에게 닥친 큰 위기, 지금도 겪고 있고 앞으로도 이겨나가야 할 코로나19 바이러스 확산과 변종 바이러스와의 싸움도 남아 있다.

폐업과 실직으로 소득이 끊긴 시민들이 많아지고, 아이들은 학교에서도 멀어지고 경제적인 이유로 학원도 갈 수 없게 되었고, 부모가 지방으로 일하러 가면 보호의 공백 생기고 아이들은 방치되고 있다. 지병으로 병치레를 하던 사람들은 더 깊은 병을 얻어야 했고, 하나의 문제가 또 하나의 문제를 낳고 기회를 뺏어가고 삶의 의욕을 잃게 만드는 이웃들이 늘어가고 있다.

광명시는 희망나기를 통해 2020년 코로나19stop 기부 릴레이를 시작했고, 광명시민들이 마음을 모아 기부에 동참하며 끝나지 않는 코로나바이러스 확산 속에 2021년까지 위기 극복 기부 릴레이까지 이어갔다.

기부에 참여한 이들은 기업에서부터 단체, 개인에 이르기까지 많은 시민이 각자의 생각과 의지를 가지고 참여해 주었다.

북한 이탈 주민인 13단지 임대주택에서 생활하는 A씨는 공사 현장에서 일하면서 넉넉하지 않은 수입이지만, 대한민국에 와 많은 도움을 받았고 자신이 일하는 공사장은 다행히도 일을 할 수 있고, 고정적인 수입이 있어서 실직하신 분들을 위해 써달라고 현금 100만 원을 찾아 들고 왔다. 코로나19 스톱 기부 릴레이를 시작했을 때 맨 처음 찾아오신 분이다. 광명 전통시장에서 500원짜리 호떡을 파시는 호떡 장사 70대 노부부는 500원씩 모으는 동전을 보며 자신도 언젠가는 어려운 이웃을 위해 기부하고 싶었다고 500만 원을 전해주시며 눈시울을 붉히기도 했다.
또 광명시에서 초-중-고를 나오고 사업을 운영하면서 사업이 안정되면 광명의 청소년을 위해 장학금을 기부하겠다고 스스로 약속했던 기업인은 장학금을 지원하기 시작하였고, 전 국민에게 재난지원금이 지원되었을 때 가족회의를 통해 기부하기로 했다며 재난지원금을 모아 전달하는 등 각자의 이유와 사연을 가지고 기부에 동참해 주었다.

우리는 이것을 십시일반의 기적이라 불렀고, 나 대신 누군가의 어려움을 위해 수고해 달라고 부탁하는 후원자들이 주는 기부금은 코로나 극복을 위한 독립자금이라 칭하며 늘 감사의 표현을 했다.

기업은 기업대로, 단체는 단체대로, 개인은 개인대로, 큰 뭉치의 돈을 기부해야겠다는 생각보다는 여러 사람이 조금씩이라도 모아 기부 릴레이에 동참해보자며 우리가 이어가야 다음 사람도 할 수 있다는 생각으로 2020년에는 250회, 2021년에는 210회를 이어갔다. 부끄럽다며 내민 성금에는 함께 이겨내자는 광명시민의 공동체 의식과 가치가 고스란히 담겨 있었다. 코로나를 극복하고자 하는 시민들의 연대의 힘은 빛이 났다.

함께 잘사는 광명
가치를 더욱 빛나게 했던 것은 시민의 참여였다.

성금을 모으는 것만큼, 지원 대상자를 찾는 것도 중요했다.
도움을 요청하기 위해 동 행정복지센터나 복지기관을 수도 없이 드나드는 사람이 있는가 하면, 어려움이 있어도 어렵다고 말 못 하고, 도움이 필요해도 나보다 더 어려운 사람이 있을 거라며 차마 나서지 못하는 사람들, 나는 사지가 멀쩡한데 도움을 요청해도 되나 하는 생각에 주저하는 사람들, 혹은 지원에 대한 정보를 알지 못해 찾지 못하는 사람들이 있었다.

코로나19 바이러스 확산과 장기화로 실직 상태가 길어지고, 실직과 취업을 반복하며 수입이 보장되지 못하고, 애초부터 고정 수입이 없었던 직종의 종사자들에게는 갑작스러운 경제적 위기의 상태가 잘 받아들여지지 않았다.

그야말로 사지가 멀쩡한 사람이 도움을 요청해야 하는 상황이 생겼는데도 말하지 못하다가, 자녀의 학원부터 끊는 것을 시작으로 전세에서 월세로 옮기고 월세가 밀리고 공과금 체납까지 줄줄이 이어지다 아빠는 지방에 일용직 근로 현장을 찾아다니고 엄마는 일과 육아를 병행해 보지만 돌봄의 공백으로 아이들이 방치되고. 다각적이고 복합적인 문제들이 한 가정 안에서도 일어나고 있었다.
이런 사정을 잘 아는 사람은 가까운 이웃이다. 이들을 찾아내야 했고 도움을 받는 방법을 알려 주어야 했다. 이런 역할을 해줄 수 있는 단체들이 연대하여 나서기 시작했다.

먼저 각 동의 통반장이거나 한 자리에서 수십 년을 살며 지역을 속속들이 알고 있는 주민들로 조직된 광명시지역사회보장협의체(이하 협의체라 표기함)가 움직였다.
각 동의 협의체를 '광명핀셋발굴단'으로 기능을 강화하여 집중적으로 지원 대상자를 발굴하였고 희망나기에서는 기금을 모아 핀셋발굴단이 선정한 대상을 지원하는 역할을 하였다.

핀셋발굴단이 발굴하고 위기 상황에 맞게 지원하고 나면 지속적인 방문과 모니터링으로 사례관리를 할 수 있도록, 광명 형 일자리인 '광명띵동

사업단'을 조직하여 각 동에 파견하고 정기적으로 방문하도록 하였다. 돌봄의 공백은 없는지, 홀로 사는 어르신이 건강상에는 문제가 없는지 정기적으로 찾아가 살피고 자원을 연계하였다.

비대면 사회로 전환되었지만 돌봄의 공백과 복지의 사각지대를 보호하는 방안으로 안전하게 대면하는 방법을 선택하였다.

이렇게 이웃이 이웃을 살피는 지역 네트워크 강화를 위해 대한적십자사 광명시지구협의회와 업무 협약을 맺고 각 동에서 추천하는 복지 사각지대 대상자명단을 들고 적십자사 회원들이 직접 방문하고 지원하는 역할을 하였으며 협의회 소속 봉사단인 '좋은 이웃들'의 방문 활동을 강화하여 정보를 전달하고 자원을 연계하는 역할을 하였다.

광명시는 행정력을 가지고 돌봄의 우려가 있는 대상자를 적극적으로 발굴하여 지역의 봉사단체로 연계하고 봉사단체는 가가호호 방문하여 우려되는 상황을 점검하고 희망나기는 기부 릴레이를 통해 지원금을 모아 필요한 지원을 아낌없이 할 수 있었다.

위기의 때일수록 민-관 협력, 지역사회 연대, 공동체의 연합으로 문제를 해결하고 예방하고자 노력했다.

'혼자만 잘 살믄 무슨 재민겨'를 지은 전우익 님의 책에 적혀있던 글 중 '혼자만 잘 살믄 별 재미 없니더, 뭐든 여럿이 노나 갖고 모자란 곳을 두루 살피면서 채워 주는 것, 그게 재미난 삶 아니껴' 라는 글이 생각난다.

가가호호 방문을 선택한 우리 봉사단원들도 이렇게 말한다.
'함께 잘 살아야지, 그래야 힘들어도 살아낼 수 있어, 진작에 힘든 사정을 알아야 했는데 늦게 알게 돼서 미안하지'.

힘들면 힘들다고 말해야 한다. 도움을 요청해도 된다. 지금은 그래야 한다. 적어도 우리 광명시만큼은 그런 말을 했을 때 절대 부끄럽게 하지 않도록 할 것이다.

위기를 거치면서 만들어내는 새로운 삶의 방식
시민이 답입니다

비대면 복지지원의 방안으로 우리는 '광명마을냉장고'를 도입하였다.

아무리 찾아 나서도 미처 찾아내지 못한 사람이 있다면 이들을 어떻게 도와야 할 것인가. 더 촘촘하게 이 방법이 안 되면 다른 방법으로 도와야 한다고 생각했기에, 멈추지 않는 코로나19 바이러스로 확산으로 인한 피해가 지속되고 있어서 광명마을냉장고를 도입하게 되었다.

마을 냉장고는 다른 지자체에서도 시행하고 있지만, 광명시는 조금 달랐다고 평가하고 싶다. 시민의 먹거리 보장, 기후 위기에 대응하는 음식물 쓰레기를 줄여나가는 운동과 더불어, 미처 발견하지 못한 복지 사각지대에 대한 또 하나의 대응이자 지역사회연대와 지속성에 초점을 맞추어 기획하고 진행하였다.

우선 마을 냉장고를 설치할 곳을 그 지역을 잘 아는 동 협의체 위원들이 직접 찾아 나섰다. 어려운 시민들이 많이 밀집된 곳에 설치하기 위해 설치장소가 되어줄 가게나 상가를 시민이 직접 찾고 설득하여 냉장고를 설치하였다. 설치에 드는 비용은 희망나기가 기부자를 찾아 연계하고 냉장고 구매에서부터 프레임 제작, 전기설비, CCTV 설치까지 안전하게 운영될 수 있도록 최대한의 지원을 하였으며 냉장고를 설치하게 된 상가의 부담을 최소화하기 위해 노력하였다.

냉장고를 설치하게 되면 관리에서부터 전기세 부담까지 해야 해서 마음은 있어도 선뜻 나서지 못하지만 같은 지역에 사는 터줏대감(동 협의체 위원장)이 하는 말에는 기꺼이 함께하겠다고 하였다고 한다. 역시 시민을 움직이는 건 시민이었다.

이렇게 8곳에 설치하고 기본적으로 식료품이 채워질 수 있도록 자원을 연계하였다. 광명시슈퍼마켓협동조합에서 매월 생필품을 지원하고 광명시여성단체협의회에서 월 2회 반찬을 만들어 지원하고, 희망나기에서 마을냉장고 지원으로 후원품을 모아 광명푸드뱅크에 연계하면 물품을 취합하여 8개의 마을 냉장고에 배송하고 각 동 협의체 위원들이 요일별 순번을 정하여 관리 운영하며 식품을 채워 넣고 정리하는 역할까지 하고 있다.

여러 주체의 협력이 있기에 매일 채워지는 식품들이 있고 이를 가져가는 시민들이 있고 또 채워 넣는 시민들이 있어, 24시간 365일 냉장고의 불은 꺼지지 않고 돌아가고 있다.

'누구나 가져가고 누구나 채워주세요' 라는 슬로건을 내걸고 운영되는 만큼 '기준도 없이 누구나 가져가면 어떡하냐, 다 가져가면 정말 필요한 사람을 못 가져가는 거 아니냐'는 우려의 목소리도 있었지만, 광명시민의 시민의식을 믿고 시작했고, 동 협의체 위원들과 냉장고를 관리하는 나눔지기의 도움으로 '다른 사람을 위해 필요한 것만 가져가세요. 내일 또 있으니까 한꺼번에 가져가지 마시고 또 오세요' 라고 다독이며 운영하고 있기에 지금까지도 별 탈 없이 운영되고 있다.

지금은 냉장고 인근의 식당, 아파트 주민들이 넣어주는 것이 더 많을 만큼 '누구나 채우는'의 의미가 더 큰 광명마을냉장고가 되어가고 있다.

마을냉장고를 운영하다 보니 반찬거리, 가공식품은 있지만, 먹거리의 기본이 되는 쌀이 없는 것에 대한 고민이 생겼다. '쌀 없는 사람이 있겠어?'라는 생각에서 시작하여 '쌀 없는 사람도 있을 거야. 10kg, 20kg씩 사지 못하는 사람도 있을 거야' 하는 우려로 바뀌었다. 이런 생각에 광명시기독교 연합회가 힘을 보태었다.

한 끼 나눔 사업을 시작하여, 8개의 마을 냉장고는 물론 마을 냉장고가 없는 동에는 동 행정복지센터에 한끼나눔박스를 설치하고 18개의 교회를 연계하여 쌀을 채워 넣는 것을 기본으로 교회 성도들이 모아온 식품을 함께 넣어 광명시는 모든 행정동에 식품을 넣고 가져갈 수 있는 지원체계가 확립되었다.

한끼나눔박스의 운영 또한 동 협의체에서 위원들이 운영함으로써 요일

별 관리가 되고 있고 동 행정복지센터를 오가는 시민들도 채워 주고 있기에 함께하는 나눔공동체가 확산하고 더욱 단단해지고 있다.

나눔은 자발적, 자치적이지 않으면 지속될 수 없다. 당분간은 시작한 누군가에 의해 운영될지는 모르나 지속해서 관심을 가지고 할 수 있는 건 시대적인 요구로 우리 스스로가 필요하다고 느껴야 하고 마을이 함께 움직여야 가능하다.

광명시민은 연대와 협력에 바탕으로 새로운 질서, 나눔으로 함께 살아가는 새로운 삶의 방식을 만들어 가고 있다.

앞으로 우리는 또 어떠한 위기를 맞이하고 이겨내야 할지 모르겠다. 하지만 혼자가 아닌 함께 살아가는 사회, 공존과 공생의 가치를 바탕으로 시민이 공감하는 복지를 만들어 간다면 광명의 복지는 더욱 견고하고 세밀해질 것이며 더 따뜻해질 것이라고 확신한다.

광명시장으로서 나는, 시민이 만들어 가는 광명, 시민을 주인으로 세우는 시장의 역할에 최선을 다할 것이다.

광명희망나기운동본부 사업성과

광명희망나기운동본부는 지난 2011년 4월에 출발하여 8억 원으로 모금을 시작하였으며, 지역사회의 기부문화 확산과 시민의 기부 참여를 위해 노력하여 매년 모금액이 증가하였다. 이에 2017년 누적 모금액 100억 원을 달성하였으며, 2021년 12월 현재 195억 원이라는 기금을 모금하고 있어 광명시민과 함께하는 나눔을 실현해나가고 있다.

2021년 한 해 동안 개인 666건, 기업 471건, 단체 220건 등 총 1,357건의 후원 참여가 이루어졌으며, 개인이 3억 3천 4백여만 원, 기업이 14억 7천 2백여만 원, 단체가 4억 4백여만 원의 후원 금품을 지원하여 총 22억 1천 2백여만 원 상당의 후원 금품을 모금하였다.

이렇게 개인과 단체, 기업들이 후원으로 모인 성금은 복지 사각지대에 놓인 광명시민과 소외된 이웃들을 위해 생계비, 의료비, 주거비 등 수혜자의 욕구와 생활상에 따른 맞춤형 지원으로 배분되었으며, 지난 10년간 연인원 50만여 명의 소외된 광명시민에게 187억 원을 배분하게 되었다.

아울러 2021년 올해도 소외된 광명시민을 위해 생계비와 주거비, 의료비, 교육비, 복지사업 등을 통해 6만 8천여 명에게 20억 5천 1백만 원을 배분하였다.

후원자의 경우 2011년 출범 초기 284명으로 시작하여 개인 후원자의 확대와 지역사회 기관 및 단체의 기부 참여 확대로 점차 후원자가 증가하였다. 특히 2021년은 기업 종사자의 급여 끝전 기부 참여와 소액기부자의 확대로 인해 개인 후원자가 큰 폭으로 증가하게 되었다.

2020년 코로나19의 확산으로 인해 어려움을 겪는 광명시민을 지원하기 위해 기부 릴레이를 진행하여 254건의 기탁식이 있었으며, 10억4천여만 원을 모금하게 되었다. 개인과 기업, 기관에서 적극적인 기부 참여해 주셨기에 많은 시민에게 지원이 되었다.

주요 배분으로 생계비와 의료비, 교육비가 지원되었으며, 핀셋발굴단과 협력하여 소외된 이웃을 발굴하고 지원하게 되어 2020년 한해 5만 7천여 명에게 7억 4천 9백여만 원을 지원하였다. 또한 2021년에도 희망 기부 릴레이가 이어져 12월 현재까지 216건의 기탁식과 10억 5천 3백만 원 상당의 기부금과 물품이 모금되었다.

주요 현황으로는 후원금이 5억 7천 8백만 원이 모금되었고, 후원품이 4억 7천 5백여만 원 상당이 모금되었습니다. 모금된 기부금과 물품의 생계비 특별지원, 온누리상품권, 방역물품 등으로 8억 9백여만 원을 지원하였다.

2022년도에도 코로나19로 인해 어려움을 겪고 있는 사각지대의 가정과 소외된 광명시민을 지원하기 위해 '2022 희망 Again 기부 릴레이'를 계속해서 이어 나갈 예정이다.

KTX 타고 평양으로
소풍가는 날을 꿈꾼다

— 평화도시

현재 광명시는 과거의 그 어느 때보다 더 큰 변화의 중심에 서 있다. 도시 곳곳에서 대규모 개발이 진행되며 새로운 모습으로 탈바꿈하고 있는 광명시는 도시의 양적성장에 맞춘 내적 정체성을 새롭게 갖추어 나가야 한다.

광명시의 미래 정체성은 바로 평화다. 남북평화의 출발점이 될 KTX광명역을 가진 광명은 수년 전부터 평화도시라는 꿈을 품어왔다. 언젠가는 KTX광명역에서부터 북한을 거쳐 유럽까지 가는 길이 열릴 것이기에 평화통일을 대비해 당연히 준비해야하는 것이었다. 광명시가 남북교류 협력 사업을 추진하고, 평화공감 주간을 선포하며 행사를 추진하고, 동굴 주변에 평화공원을 조성하려 하는 것도 그런 이유에서다.

평화는 현재이고 미래여야 한다. 평화의 의지를 더 단단하게 모으기 위해 '광명시 남북교류협력사업 추진 등에 관한 조례'를 세정하여 남북 공동 번영을 위한 교류협력 사업 추진의 법·제도적 토대를 만들었다. 이 조례를 바탕으로 인도적 지원사업 및 남북교류협력 사업 추진을 위한 남북교류협력기금을 조성하고 자문기구인 남북교류협력위원회를 구성하여 안정적이고 지속 가능한 남북교류협력 사업을 추진하고 있다. 평화는 미래 가치를 담은 지방정부의 중요한 일 중에 하나이다

평화로운 광명생활

2019년 5월 14일 역사적인 남북정상회담을 기념하고 KTX광명역의 남북평화철도 출발역 지정을 기원하는 의미로 공개모집을 통해 10세 이하 어린이부터 70대 어른까지 다양한 계층의 시민 272명을 선정하여 'DMZ 특별열차기행'을 실시했다. KTX광명역을 출발하여 도라산역에 이르는 이 열차 기행은 우리 모두의 통일 염원을 담아 거침없이 내달렸다. 6.15 남북공동선언 20주년을 맞이하여 남북평화 및 한반도 통일 염원을 담아 KTX광명역을 출발하여 임진각 평화누리공원, 판문점, 도라산 평화공원을 경유하는 '자전거 타고 개성으로 소풍 가자' 행사도 기획하였으나 아쉽게도 코로나의 확산으로 추진하지는 못했다.

2021년에는 본격적인 평화 공감대 확산을 위해 2021년 10월 7일부터 11일까지 5일간 광명시 전역에서 '2021 광명시 평화공감 특별주간'을 운영했다. 평화도시 비전 선언과 KTX광명역 남북평화철도 출발역 선포 출정식을 갖고, '평화도시 광명포럼'을 열어 평화의 실천방안을 다각적으로 논의했다. 또한 전 세대가 공감하는 평화를 위해 '평화공감 학생 사생대회'와 '평화공감 골든벨' 등 다양한 시민들이 참여하여 즐기는 편안한 시간도 가졌다.

평화 정착 및 남북도시 교류협력 확대를 위한 지방정부협의회 활동

하지만 아직은 갈 길이 멀다. 한반도에 평화를 정착시키기 위해서는 우선 힘을 모아야 할 필요가 있다. 이를 위해 평화 정착과 남북 도시 간 교류 활성화를 희망하는 기초자치단체들과 힘을 모아 평화통일을 차근차근 준비하는 중이다. 지난 2021년 9월 「인도적 대북지원사업 및 협력사업 처리에 관한 규정」이 개정되며 지방자치단체가 별도신청 없이 일괄 대북 사업자로 지정했다. 이에 따라 기초자치단체도 남북교류의 주체로 인정받게 되었으며, 시군구 차원의 남북교류 정책 발굴과 실천을 위한 협력적 관계 구축이 필요하게 되었다. 이에 따라 정책협의기구인 「전국남북교류협력 지방정부협의회」가 출범하게 되었다. 현재 우리시를 비롯해 서울 성동구, 경기 수원시 등 전국 45개 지방정부가 회원 도시로 참여하고 있다.

또한 2021년 5월 21일 출범한 「남북평화협력 지방정부협의회」에도 참여하여 남북교류협력 추진을 위한 기초자치단체간 공동대응 네트워크를 구축하였다. 「남북평화협력 지방정부협의회」는 지방정부 차원의 남북교류 협력사업의 효율적 추진과 공동 대응 네트워크를 구축하고자 모인 정책 협의체로 경기도와 도내 31개 지방자치단체를 포함해 전국 61개 지방정부가 함께 참여하고 있다.

한반도의 평화는 우리의 오랜 염원이자 숙제다. 기후 위기 그리고 코로나 위기와 더불어 미래세대를 위해 우리 세대가 꼭 해결해야 할 과제다. 우리 후손을 위해서라도 광명시는 한반도를 넘어 유럽까지 뻗어나가는 미래의 문을 열어갈 것이다. 쉽지 않은 길이지만 평화를 만들어 가는 광명시의 여정에 많은 분이 함께해주실 것을 믿는다.

청년이 광명의
미래다

- 청년들이 직접 만드는 「청년 공감 정책」

광명시는 청년들의 적극적인 참여와 열정으로 숙의 토론 과정을 통해 만들어 낸 청년공감 정책으로 전국에서 최우수 시로 거듭나게 되었다.

민선 7기를 시작하면서 청년들에게 필요한 것은 무엇일까라는 질문의 답을 찾기 위해 청년들과 많은 소통을 하였다. 총 30여 차례에 걸쳐 듣고 토론하면서 내린 결론은 그들에게 맡겨 보자는 것이었다. 청년을 돕는 것이 아니라 그들이 활동할 수 있는 기회와 공간을 제공하는 것이 우선이란 생각을 하였다. 희망을 잃지 않는 청년 공감 정책 그리고 평생교육으로 균형 잡힌 시민으로 성장할 수 있도록 해야 한다는 믿음을 갖게 되었다. 청년 정책팀을 만들고 시장 직속 청년위원회 50명을 구성하여 지속적인 토론을 하게 하였다. 그 결과 그들의 생각을 담은 정책을 만들어 나갔다.

청년 생각펼침 공모사업 47개팀 240명

청년들의 창의적인 생각을 펼칠 수 있는 기회를 제공하고, 청년 커뮤니티 활동을 지원하는 사업으로 18 ~ 34세 청년 3인 이상이면 누구나 참여할 수 있으며 선정된 팀에 활동비, 멘토링, 우수사례를 공유하고 있다.

2019년에 12개 팀 103명을 시작으로 올해 3년째 추진하는 청년 생각펼침 사업은 47개 팀 240명이1 참여하였다. 팀당 최대 300만 원까지 지원하여 청년 독립영화, 기후 위기 극복 활동, 봉사활동, 소자본창업 등 2019년 대비 4배 증가하고 매년 청년들에게 큰 호응을 얻고 있다. 매년 평가회를 거쳐서 우수상과 대상을 선정하여 표창하는데 올해 대상은 쓰레기를 줍는 봉사활동을 하는 모임이 대상을 받았다.

더욱 의미 있는 일은 이 친구들의 모임 활동이 알려지면서 환경 관련 재단과 기관에서 후원금을 받으면서 자신감이 생겨 사회적협동조합을 만들기로 했고 곧 창업을 준비하기로 했다고 한다.

시대적 흐름과 발맞춰 탄소중립 활동을 하는 소기업을 만들어 보겠다는 것이다. 동영상 콘텐츠 제작과 문화예술 활동 지원 등 작은 소모임에서 출발하여 스스로 일자리를 만들어 가는 효과를 내고 있다. 문화재단에서도 예술 활동을 하는 청년들에게 공모사업을 펼쳐 당선된 작품을 공연으로 제작하게 하는 등 단순히 공모사업으로 멈추는 것이 아니라 활동으로 이어지게 하는 사업을 추진하고 있다.

이런 사업을 펼칠 수 있도록 아이디어를 준 사람이 있다. 20대 청년인 사랑하는 딸의 제안으로 시작했다. 물론 나의 의견인 것처럼 담당 공무원에게 제시했지만, 청년의 이야기를 진심으로 듣는 것이 참으로 중요함을 다시 한번 느낀다.

시장 직속 청년위원회 50명

청년 기본조례를 제정하고 보다 많은 청년이 직접 시정에 참여하여 소통하고 제안할 수 있도록 시장 직속 청년위원회 50명을 구성하였다. 분야별 다양한 청년들이 위원으로 참여하여 청년의 삶 일 여가와 관련된 사업을 발굴하고 심도 있게 논의했다. 전문가는 방향만 제시할 수 있도록 최소로 하고 청년 활동을 하는 종교 단체를 포함하여 각 단체에서 추천받아 위촉했다. 청년실태조사에서 광명시 청년 미래인구가 5년마다 5천 7백 명씩 감소하는 추세를 보이고 있으며, 청년역량 강화, 경제적 자립, 주거비용에 따른 청년 주택공급, 청년문화 활성화가 필요함에 따라 청년정책 5개년 기본계획을 수립하게 되었다. 물론 연구 용역 과정에서 모두

가 참석하여 의견을 제시하게 하였다. 모든 것은 그들의 몫이 되었다. 코로나19로 워크샵을 하지 못해 아쉽다. 그들과 더 많이 직접 소통하면 더 좋은 정책을 마련하지 않았을까 하는 아쉬움이 무척 크다.

청년 면접 정장 무료대여사업 만족도 95%

청년토론회에서 청년이 제안한 청년면접 정장 대여사업은 면접을 앞둔 취업준비생, 일자리 박람회 참가하는 청년은 누구나 이용 가능, 정장 세트(재킷, 치마, 바지, 셔츠, 블라우스)와 구두, 벨트, 넥타이 등 면접에 필요한 모든 소품을 무료로 빌릴 수 있어 취업 비용 경감에 효과가 있다.

대여 건수가 매년 증가 추세를 보이고 있으며, 면접 정장 이용자를 대상으로 설문조사 결과 95%가 매우 만족으로 높게 나타나고 있다. 어느 날 시민체육관 일자리 박람회장에 간 적이 있다. 중소기업에서 면접을 보고 있었는데 모두 공개된 장소라서 우연히 지나치다 보게 되었는데 마음이 씁쓸했다. 면접관은 편안한 자세였으나 면접자는 매우 긴장된 자세였다. 마치 군인처럼 뻣뻣한 무릎 자세로 양복을 입고 있는 청년을 목격했다. 편안하게 상담하는 자세였으면 얼마나 좋을까 싶었는데 그 청년은 취업의 의지가 강렬했는지 너무 부자연스러웠다. '편안하게 상담하세요' 응원의 한마디하고 돌아왔지만, 그 장면이 지금도 뚜렷하다. 얼마나 간절했으면. 하는 마음이 들었다. 취업을 위해 몇 번씩 면접을 보아야 하는 청년들에게 계절마다 옷을 구매하기란 정말 어려운 일이다. 95% 만족이란 것이 나는 기쁘지 않다. 오히려 슬픈 생각이 든다. 그리고 편안하게 상담해 줄 수는 없는지? 취업이 아닌 내가 하고 싶은 일을 하는 사회는 언제 오는 건지?

청년 숙의 예산 50억

청년 숙의 예산은 청년들이 토론을 통해 청년에게 필요한 사업을 결정하는 것이다. 숙의 과정을 거쳐 50억의 청년예산을 결정하는 것으로 2020년에 처음으로 시작했고, 올해도 실시하여 내년도 예산에 반영하였다. 청년 숙의 예산 사업은 청년동 공간 구축, 청년정책 책자 발간, 청년의 날 확대, 청년센터 설립, 청년문화를 누릴 수 있는 청년문화예술창작소, 청년 인턴쉽 대상 분야 확대, 신혼부부나 청년 전월세이자 지원, 청년 주택지원, 청년 맞춤형 생활체육 프로그램, 청년 정신건강 상담 확대, 교통

해소를 위한 자전거 전용도로, 공유자전거 설치 등 다양하게 나왔고, 실행 중이다. 내년에는 예산을 100억 규모로 확대할 예정이다. 더 많은 예산을 확보해야 하기도 하겠지만 예산 규모의 한계 때문에 그들의 생각을 멈추게 할 수 없기 때문이다

청년 주택과 신혼부부나 청년 전·월세 이자 지원

토론회에 참석해서 직접 의견을 들어 보니 가장 첫 번째로 많은 의견이 청년 주택이었다. 당연한 것이 아니겠는가? 연애는 해도 결혼을 미루는 것은 주택과 교육 문제 때문이다. 언젠가 우리 아들과 결혼 이야기를 나눈 적이 있다. 여자 친구나 본인이나 경제 능력이 충분하지 않으면 결혼하지 않겠다고 말했다. 요즘 대부분 청년의 솔직한 생각일 것이다. 우리 사회가 안고 있는 가장 큰 구조적 문제이다.

신혼부부와 청년을 위한 주택 정책을 기초 지방정부가 하루아침에 해결할 수는 없는 일이다. 그래서 광명시는 신혼부부와 청년들의 주거 안정을 위해 최대 가구당 3년간 전·월세 대출 이자를 지원을 연간 최대 120만 원을 지원하기로 했다. 처음에는 홍보가 부족하여 신청자가 적었지만, 점점 늘어나고 있다.

청년 주택과 신혼부부 주택은 3년 이후가 되면 가능할 것 같다. 그동안 광명동의 너부대 도시재생 사업을 꾸준히 추진해 왔기 때문에 3년 후면 공급이 가능하다. 또한, 소하동 공공주차장 부지를 청년을 위한 공공 임대주택으로 추진 중이며, 하안2 공공주택지구에 신혼희망타운, 광명시

흥테크노밸리 공공주택단지 청년 주택 등 2025년까지 1,210호 공급을 목표로 추진하고 있다.

광명시 청년동(GM YOUTH ZONE)

철산동 구 평생학습원에 청년동 공간을 만들었다. 청년센터와 청년예술창작소란 이름으로 예쁘게 만들었다. 청년위원회 위원들이 설계했다. 설계안을 갖고 3차례에 걸친 논의 끝에 만들어졌다. 청년 복합문화공간인 청년동(GM YOUTH ZONE)은 착수 보고, 중간 보고, 최종 설계 보고회마다 청년들이 참여하여 907㎡ 규모로 세미나실, 멀티미디어 실, 공유오피스, 휴게실, 밴드실, 녹음실, 문화공연홀, 개인연습실, 댄스연습실, 1인 미디어실 등 다양한 청년 공간으로 10월에 전국 최고의 시설로 조성되었다.

청년들이 청년동에서 학습하고 소통하고 취업 준비와 미래를 준비하고 토론하고 문화예술을 공유한다. 이 도시에 사는 청년들이 미래 가치를 공유하며 균형 잡힌 시민으로 성장할 수 있길 바란다. 청년이 미래이니까

청년 공감 정책 우수사례로 전국에서 높은 평가

광명시 청년 공감 정책은 3년 연속 청년 친화 헌정 대상 대상을 비롯해 전국 기초자치단체장 매니페스토 경진대회 우수상, 대한민국 서비스 만족 대상, 더불어민주당 지방정부 우수정책 경진대회 최우수상, 경인 히트상품 대상을 받는 등 우수사례로 전국의 주목을 받고 있다.

그 이유는 간단하다. 청년이 움직였기 때문이다. 제도를 만들고 기회를 제공하고 정보를 공유하는 것만으로도 청년정책은 절반은 성공한다. 행정과 정치가 청년에게 귀를 기울여야 한다. 왜 참여하고 행동하지 않냐고 따져 묻는 것이 아니라 그들이 원하는 세상을 위해 무엇을 준비할 것이냐 하는 기성세대의 노력이 더 중요하다. 토론회장에서 어느 청년은 청년들의 평생교육을 위해 애써 달라는 주장을 강하게 했다. 세상이 빠르게 변하고 있는데 알아서 준비하라고 하면 안 되지 않냐! 시가 청년교육을 위해 더 노력해 달라던 주장이 외침으로 들린다.

사통팔달 안전하고
편리한 교통환경

― 교통도시 광명

신안산선 광명역과 학온역 신설

신안산선이 2019년 9월 착공식을 하고 본격적인 공사에 들어갔다. 국토교통부가 신안산선을 계획하던 시기에는 주변 지역 개발사업이 확정되지 않아 규정상 학온역을 본 계획에는 반영할 수 없었다. 그래서 국토교통부는 '장래 신설을 검토할 역(장래역)'으로만 학온역을 반영하여 자칫 백지화될 수도 있는 위태로운 상황이었다. 이에 광명시는 2018년 하반기부터 사전타당성 연구 용역을 본격 진행하여 역 신설의 타당성 확보에 나섰다.

광명시는 주변 개발사업자와 어려운 협의 끝에 신설 비용 전액을 분담하기로 합의를 끌어냈다. 특히 코로나19로 힘든 상황 중에도 역 신설 당위성을 널리 알리기 위해 상급 기관, 타당성 검증기관(한국교통연구원)을 방문하여 설득하는 등의 노력으로 2020년 9월 3일 국토교통부로부터 학온역 신설 승인을 받게 되었다.

광명 시흥 테크노밸리와 광명문화복합단지 조성, 광명 시흥 3기 신도시 개발에 이르기까지 광명시는 다시 한번 큰 도약을 앞두고 있다. 2025년 학온역이 개통되면 이들 지역을 연계하는 광역교통시설을 확충하여 추진 중인 개발사업들의 성공적인 기반을 마련하고 더 나아가 광명시의 지속 가능한 발전을 담보할 수 있는 기회가 될 것으로 보인다.

어르신 이동권 보장, 노인 무상교통

광명시 노인인구는 약 4만 명 정도로 광명시 전체 인구의 약 14%를 차지한다. 현재 우리나라는 노인인구의 가파른 증가로 초고령 사회로 빠르게 변화하고 있으나 노인의 사회활동 증가에 따른 이동권 보장을 위한 지원이 부족한 실정이다. 이에 광명시는 차별 없이 모든 노인을 대상으로 하는 대중교통비 지원의 필요성에 대해 보건복지부를 끈질기게 설득한 결과 전 노인에 대한 지원이 가능하도록 사회보장제도 협의를 완료했다. 그 후 노인 교통비 지원 사업비로 50억 원의 예산을 확보하고 2022년부터 65세 이상 모든 노인에게 연 16만 원까지 대중교통비를 지원하기로 했다. 광명시 노인 대중교통비 지원은 시내버스 요금 기준으로 연 100회 이상 이용할 수 있어 광명시 노인 교통복지 증진 및 이동권 보장에 큰 도움이 될 것으로 기대하고 있다.

광명시 공공형 택시, 1,500원 행복택시

광명시에는 교통약자의 이동권 보장을 위한 또 다른 사업으로 행복택시를 운영하고 있다. 행복택시는 대중교통 이용이 불편한 지역주민들이 이용할 수 있는 공공형 택시다. 그동안 광명6동과 광명7동, 학온동 지역주민들은 대중교통 버스노선이 적어 대중교통을 이용해 광명사거리역이나 병원까지 가는 데 많은 불편함이 있었다. 특히 어르신들이 병원이나 시청에 한번 가려면 많은 거리를 걷거나 멀리 돌아가는 버스를 여러 번 갈아타야 해 어려움이 많았다.

이를 해소하고자 2020년 1,500원으로 탈 수 있는 광명시 행복택시의 운행을 시작했다. 행복택시라고 불리는 이 택시는 교통이 불편한 마을의 주민들에게 동 행정복지센터와 광명사거리역, 광명시청, 성애병원, 광명보건소, 광명시민체육관까지 버스 이용요금 수준인 1,500원의 요금으로 이동 서비스를 제공한다. 처음 7개 마을로 시작했지만, 주민들의 반응이 좋아 현재는 17개 마을까지 운행지역을 넓혔으며 올해만 만이천 명에 가까운 주민들이 행복택시를 이용했다.

퇴근길이 힐링의
공간이 된다
– 도시 비우기

길을 걷다 보면 전신주에 매달린 전선과 통신선, 길을 가로막는 장애물 때문에 마음이 심란할 때가 있다. 그런 길은 자연스레 발걸음이 멀어지고 마음도 멀어진다. 정신없이 돌아가는 일상에서 따로 시간을 내기도 어려운 현대인을 위해 잠시나마 걷는 퇴근길이 힐링의 공간이 될 수는 없을까? 이런 생각으로 시작했던 일이 도시 비우기 사업이었다.

도시 비우기로 시민 보행권 보장

광명시는 우선 유동 인구가 많은 광명사거리를 중심으로 2개 노선(오리로, 광명로) 2.9㎞를 시범 정비 구간으로 선정하여 쾌적한 보행환경을 조성하고 깨끗한 도시 이미지를 만들기 위해 '도시 비우기' 사업을 추진했다. 우선 광명사거리를 중심으로 노점상 가판대, 적치물, 볼라드, 폐자전거, 전신주 등을 철거했다. 또 보도 중앙에 위치해 보행에 불편을 주는 기둥을 옮겨 설치하거나 가로등 분전함의 크기를 줄여 걷기 편한 보행권을 조성했다.

대화와 소통으로 이룬 노점상 정비

2021년에는 광명사거리와 철산역, 하안동 일대의 가로판매대 정비에 들어갔다. 2008년 가로판매대 합법화 사업 추진 이후 13년이라는 세월이 지나면서 가로판매대를 바라보는 시민들의 관점이 '생계를 위해 어쩔 수 없이 도로로 나와 장사하는 사람'에서 '도시 미관을 해치고 보행권을 침해하는 자'로 변해갔다. 가로판매대에 대한 관점이 부정적으로 변하면서 가로판매대가 점용하고 있는 보도를 시민의 품으로 되돌려 달라는 민원이 많았다. 그대로 두었다가는 시민들 간에 갈등이 깊어질 것이 불 보듯 뻔했다. 시민들의 보행권을 보장하면서도 가로판매대 상인들의 생존을 지키는 방안을 마련해야 할 필요가 있었다.

13년 전인 2008년 가로판매대를 일제 정비하는 과정에서 상인들과 극심한 갈등과 진통을 겪었던 전철을 밟지 않기 위해 강제 철거가 아닌 설득과 상생에 방점을 두고 사업을 진행했다. 시민들의 보행권과 노점상의 생존권, 두 마리 토끼를 잡기 위해, 가로판매대 상인들과 끊임없는 대화를 이어가며 서로 윈윈할 수 있는 합의점을 도출하고자 노력했다.

이를 위해 지난 4월 전국 최초로 '광명시 가로판매대 정비 지원 조례'를 제정했다. 가로판매대 운영 중단 시 영업권 보상 측면에서 지원금을 지급해 준다는 내용이 포함되었다. 처음엔 지원금을 받고 영업을 그만하겠다는 분이 4명뿐이었지만, 6개월 동안 상인 한 분 한 분 만나 설득의 과정을 거쳤고 최종적으로 35명의 상인이 가로판매대를 정비했다. 나머지 가로판매대 29개는 광명시장 앞(6개), 철산동 로데오거리(7개), 하안4단지 앞(16개) 3개 권역에 보행권을 해치지 않는 위치에 재배치했다. 또한 정비된 철골 주차장 앞 도로는 공영주차장으로 운영해 지역주민들을 위한 편의 공간으로 활용할 계획이다.

도시 비우기 사업으로 시민의 보행권을 되찾게 된 것이 뿌듯하기도 하지만 무엇보다 누구의 피해도 없이 이 사업이 이루어졌다는 게 큰 의미가 있다. 끊임없는 대화와 소통하려는 노력이 가져온 결과다. 나는 항상 민원의 첫 번째 해결 방법은 잘 들어주는 것이라고 이야기한다. 상대방의 마음을 듣고 진심으로 공감하는 것이 모든 문제해결의 시작이다.

당신은 태어날 때부터
자유롭고 존엄합니다

– 인권도시 광명의 미래

인권이란 한 사람 한 사람의 존엄에 주목하는 것

한 아이의 아버지가 있었다. 그는 농아인이다. 자녀의 대학입시를 앞두고 있어서 부모로서 걱정과 고민이 깊었다. 하지만 입시나 진로에 대해 어떤 정보도 얻을 수가 없었다. 왜냐면 수어로 통역해 주는 곳이 없었기 때문이다. 수어는 농아인에게는 언어다.

2019년, 광명시민 인권센터는 시의 모든 행사를 점검하여 수어 통역사 배치 상황, 통역사의 위치 등 '수어 통역에 대한 인권 영향평가'를 진행했다. 그동안에는 대규모 행사에만 수어 통역사를 배치해왔다. 수어 통역에 대한 인권 영향평가 이후 시의 행사나 관내 행사 중 100인 이상 모이는 행사에는 무조건 수어 통역사를 배치하도록 했다.

특히 코로나19이라는 엄청난 재난 상황에서 시민에게 위기 대응과 정보, 정책을 발표할 때는 모두 수어 통역사를 배치토록 정책을 변경, 시행했다.

광명시민회관에서 열리는 '대입 입시설명회'에도 당연히 수어 통역사를 배치하였다. 아이의 아버지는 비로소 처음으로 입시와 진로 설명회에 참석하고 아들과 함께 아들의 진로를 의논할 수 있었다고 감사의 마음을 전해왔다.

우리도 놀랐다. 우리가 말하고 듣고, 걷고, 볼 수 있는 이 모든 것이 호흡처럼 너무 당연하였는데 인제 보니 우리는 '특권'을 누리고 있었다. 한 사회의 인권의 척도는 그 사회가 사회적 약자를 어떻게 대하는가를 보면 알 수 있다.

광명역 사거리 보행로 문제와 관련하여서는 현장 조사를 통해 개선하게 하였고 광명시 조례 501건에 대해서 인권적 관점에서 인권침해 요소를 점검하여 13개 조례를 개정하기에 이르렀다.

인권 행정구현으로 인권 존중 지역사회 실현

광명시는 시민의 인권 보호와 증진을 위해 현재 '2차 인권보장 및 증진 5개년 기본계획' 68개 세부 과제가 진행하고 있다.

인권 행정이란 인권에 기반을 둔 행정(Human right-based-admiastration)을 말한다. 행정의 최고의 목적을 주권자인 국민의 인권 보호와 증진에 두며 행정의 전 과정이 인권을 지향하고 사람을 중시하는 행정, 인간으로서의 존엄과 가치를 중시하고 보호하는 행정을 말한다.

2013년, 유엔인권이사회는 '지방정부의 인권에 관한 결의'를 하고 인권의 지역화 및 인권 보호와 증진에 대한 지방정부의 역할을 강조하였다. 이에 앞서 국가인권위원회는 2012년, '인권 기본조례 제·개정 권고 및 지방자치단체 인권 제도 현황 및 의견표명의 건'을 발표하여 인권조례가 지역의 특성을 반영하여 주민의 실생활에 직접적인 규범력을 가지고 인권의 지역화를 위한 이행 도구 기능을 하도록 인권조례 제정·확대를 권고하였다.

국가의 인권보장 의무, 지방자치의 원리, 국제인권 규범에 따른 국가의 인권보장 의무를 지자체의 행정에 구현함으로써 인권 존중 지역사회 실현은 대한민국 헌법에도 명시된 바, 광명시는 지방정부 중 가장 먼저 시민인권센터를 설치하였고 현재 어느 지방정부보다 충실히 시민의 인권 보호와 인권 증진 실현을 이행하고 있다.

광명시는 현재 인권교육, 인권정책, 인권문화, 인권 거버넌스 등 사업 등 5가지 정책 영역으로 추진 중이다.

인권은 법보다 우선한다. 따라서 법과 제도에 앞서 행정공무원은 물론 시민들의 인권 감수성을 향상해야 한다. 이를 위해 해마다 '특화된 인권의 아젠다'를 가지고 다양한 형식의 인권교육을 진행하고 있다.

먼저 5급 이상 공무원들에 대한 인권교육을 참여형으로 진행하였다. 소그룹으로 구성, 참여를 통해 조직의 문제를 함께 고민하고 함께 대안을 찾고 토론하는 과정 중에 함께 '인권 의식 향상'이 되고 조직의 변화도 가능하다는 전제 아래 인권교육이 진행되었다.

그리고 직급과 대상에 맞는 주제 선정으로 모든 광명시 모든 공무원에

대해 인권교육을 진행하고 있다. 함께 '광명시청'이라는 조직에 근무하더라도 세대와 직급에 따라 인권에 대한 인식과 결이 다르기에 그 대상에 따라 교육이 이루어지고 있다.

또한 인권교육은 정해진 시간, 정해진 공간에서 진행한다는 형식의 틀을 깨고 광명시청 로비에서 짧은 점심시간에 진행되기도 했다. 농아인 래퍼를 초청 공연 후 문답을 통해 '인권교육'이 진행되었다. 농아인 래퍼 김지연 씨가 말하기를 "동주민센터에서 볼 일이 있어 방문했는데 내가 농아인(장애인)이라고 장애인 행정 도우미한테 안내해 주더라고요, 저는 필담으로 하면 10분이면 처리할 일을 1시간 넘게 걸렸어요"라고 자기 경험을 얘기했을 때 우리는 공무원의 인권 감수성은 바로 시민에게 영향을 준다는 사실을 확인하였다.

또한 시민을 대상으로는 '인권'이라는 어려운 낱말을 가슴으로 느끼고 사람의 존엄을 감성으로 받아들일 수 있도록 '인권 콘서트', '인권 도서 읽기'와 매년 인권 아이디어 공모전을 통해 학생이나 시민들이 '인권'을 마주하는 시간을 갖게 했다.

인권은 연대다

인권은 연대다. 자신의 권리만을 지키는 것으로 충분하지 않고 타인의 권리를 같이 지켜주고 타인의 아픔에 같이 공감하는 데서 출발한다.

미얀마가 군부 쿠데타로 미얀마 시민들이 군부에 의해 목숨을, 생활의 터전을, 모든 삶의 현장이 파괴되고 있음을 알고 우리 광명시는 당장 연대에 참여해 민중을 피 흘리게 하는 군부의 만행을 멈출 것과, 미얀마 민중들의 민주화 투쟁에 연대와 지지를 선언하였다.

또한 아프가니스탄 정부가 탈레반 정권에 의해 찬탈되고 특히 여성들에 대한 탄압과 폭정, 인권침해에 대해 아프가니스탄 여성들이 안전보장과 인권 보호에 국제사회가 연대할 것을 호소하는 캠페인에도 참여하였다.

특별히 여성 인권 · 성평등과 관련하여서는 우리 광명시는 '성비위 특별대책'을 발표, 3.8 세계여성의 날, 전 직원들에게 3.8 세계 여성의 날의 의미와 함께 조직 내 성평등 · 인권 친화적 문화가 얼마나 중요한지를 서로 공감하고 인식하는 '열린 인권교육'도 진행하였다.

또한 광명은 한국 인권 도시협의회 참여도시로서 부회장을 맡고 있어서, 내년에는 더욱더 인권의 최전선에서, 인권 도시 맨 앞줄에 서서 걸어갈 것이다.

걸어온 10년, 나아갈 10년의 인권도시 광명

우리 광명시는 2021년, 인권조례 제정 10년을 맞이하였다. 우리는 코로나를 통해서 우리의 삶이 서로 연결되어 있음을 확인하였다. 광명시라는 공동체 안에서 우리는 함께 살아가야 한다.

인권조례 제정 10년을 맞이하여 우리 삶의 가장 큰 주제인 주거와 관련하여 인권 심포지엄을 개최하였다.

우리는 공동체이다. 전 세계적으로 코로나19 대유행을 겪으며 시민들의 생명과 건강이 위협받고 인권이 침해당하는 상황에 맞서 이들의 인권을 보호하고 증진하기 위한 지속적인 도전과제를 우리는 안고 있다.

코로나19의 세계적 유행은 인류에게 경제, 지역사회, 환경, 정치, 문화 등 다양한 분야에서 일상생활을 불안하게 만들었고 크나큰 영향을 끼쳤다.

이는 실업률 증가, 불평등 확대, 차별 확산, 장애인이나 노인과 같은 사회적 약자들의 취약성 노출과 같은 인권 문제가 확대되고 심화하였을 뿐만 아니라 표현의 자유나 집회의 자유, 사생활 보장 같은 기본적 자유마저도 심각하게 침해당했다.

성평등은 흔들리고 있으며, 많은 경우 후퇴하기도 했다. 또한 인종 혐오와 이로 인한 희생은 늘었으며, 인종 폭력과 같은 인종차별이 급증했다. 코로나19에 의해 야기된 큰 균열은 사회적, 문화적 차원의 불평등은 물론 불평등과 차별의 연결고리가 명확하게 드러났다.

지방정부는 최전선에서 이러한 문제에 대응하고 도시와 지역사회를 구축하기 위해 노력하고 있다. 우리는 포용의 기회도 될 수 있고 포용의 걸림돌도 될 수 있는 기존 제도적, 법적, 비공식적 틀을 점검해서, 반인종주의와 차별금지가 핵심의제로 성공하도록 도와주어야 한다.

또한, 지방정부는 연대를 촉진하고 시민사회가 함께 협력해서 공동체를 복원하며, 인권원칙과 참여에 기반한 새로운 사회계약을 다시 이끌어 내는 데에 중요한 역할을 해야 한다.

인류가 엄청난 공중보건 문제에 직면해 있는 동안에도 기후 변화는 여전히 지구 생명체의 근간을 위협하는 가장 중요한 문제이다. 코로나19 위기를 극복하는 동안에도 기후 문제는 전 세계 국가나 지역에서 불평등을 심화시키고 분열을 더욱 악화시킬 수 있다.

따라서 앞으로 우리는 현재와 미래세대의 인권을 보장하기 위해 이 두 가지 큰 문제를 함께 다뤄야 한다.

모든 정부는 위기를 극복하고 이겨내는 데 있어 인권 실현을 위한 지속가능한 발전 모델을 구현하는 데 보다 중점을 두고 대응해야 한다.

코로나19 이후, 그 누구도 소외되지 않고, 더 나은 세상을 구축할 수 있는 기회, 더 나은 광명, 인권 도시 광명 10년을 위해 한 걸음씩, 한 단계씩 인권의 지평을 넓혀 가고자 한다.

4장

동행 – 함께 걷는 길

박승원 시장의 말과 글 모음

이 도시의 미래를 함께 책임질 청년들을 많이 만들어갈 것
– 광명시 청년정책 토론회
끊임없이 토론해나가면 그것이 지역사회를 바꾸는 힘이 된다
– 시민과 함께하는 청년 토론회
자치분권은 민주주의의 하나의 과정 – 광명시 자치분권 네트워크 간담회
주민자치회 전환의 가장 큰 의미는 그 안에서 모든 의사 결정을 할 수 있다는 것
– 자치분권대학 수료식 및 간담회
자원봉사란 우리 스스로 지역사회를 변화시키는 주체가 되는 활동
– 희망 나눔 행복 광명 '자원 봉사 리더 양성' 특강
자랑스러운 우리의 지난 100년은 수많은 평범한 영웅들이 만들어 낸 것
– 광명시 3.1운동·대한민국 임시정부 수립 100주년 기념행사
남북협력기금을 모아 평화통일 준비할 것
– 남북정상회담 1주년 기념 라이브 토크쇼
새로운 100년은 평화를 위한 역사여야 합니다 – 제64주년 현충일 추념식
공공일자리는 또 하나의 복지 – 일자리 위원회 위촉식
예산의 쓰임엔 공공성이 있어야 – 주민참여 예산위원회 종합 설명회
늘 희망을 만들어가는 청년이 되었으면 – 대학생 아르바이트 오리엔테이션
철학이 담긴 교육도시 광명을 지향합니다
– 청소년 정책협력사업 초·중·고 학교장 간담회

우리는

70년이 채 안되는 시간 동안

국민의 힘으로

민주주의를 발전시키고

국민소득 3만달러,

세계경제규모 11위라는

기적과도 같은 경제 성장을 이뤄왔습니다.

새로운 100년은 평화를 위한 역사여야 합니다.

그리고

우리 광명시와 시민 모두는 평화의 길에

함께하고 있습니다.

이 도시의 미래를 함께 책임질
청년들을 많이 만들어갈 것

광명시 청년정책 토론회
2018. 12. 12.(수)

저희가 청년정책팀을 새롭게 만들었습니다. 9월 조직개편 하면서 창업지원과를 새롭게 만들고 청년 창업과 일자리에 대한 사업을 많이 준비하고 있습니다. 오늘 청년정책토론회를 통해 여러 의견이 나오면 잘 정리해서 내년도 사업 진행할 때 청년정책에 대한 구체적인 설계를 잘 하겠다는 약속을 드립니다.

어제 대통령직속 일자리위원회 워크숍을 했습니다. 거기에서 광역 2개, 기초 2개, 공공 2개, 민간 4개 총 8개 단체가 일자리 관련해 발표했습니다. 기초 단체 중에 광명과 광주 서구청이 우수사례를 발표했습니다. 발표할 때마다 무한한 책임감을 느낍니다. 내년에 더 사업을 잘해야겠구나, 더 체계적으로 해서 성과를 많이 내야겠구나 이런 생각들을 많이 가지고 있습니다.

그저께 광명시장 직속 일자리위원회를 구성해 총 30명의 일자리 위원들이 첫 회의를 진행했습니다. 그 안에 청년 분과를 따로 둬서 청년 일자리에 대한 얘기를 지속적으로 해나가기로 했습니다.

광명에 청년이 많이 있습니다. 청년들이 이곳 광명에서 살면서, 광명에서 일하고, 이곳에서 쉬면서, 광명의 미래를 만들어가고자 하는 청년그룹이 많이 생겼으면 좋겠습니다. 그리고 그 그룹이 시민단체든 시청이든 시 산하기관이든 다른 어떤 형태든 공공 분야에서 다양하게 일할 수 있는 구조를 최대한 만들고 싶습니다. 단순히 일자리뿐만 아니라 이 지역에서 살면서 지역 공동체로서 이 도시의 미래를 함께 책임지고 갈 청년들을 많이 만들어내고 싶거든요.

그 분야가 여러 분야일 수도 있다고 생각합니다. 그래서 청년들이 5명이라도 모여서 이것 해보겠다고 하면 거기에 일정한 예산을 지원해 무엇이든지 할 수 있게 하려고 합니다. 그런 다양한 경험을 해봐야 4차 산업혁명시대에 맞게끔 자기 길을 새롭게 찾아갈 수 있는 것 아니겠어요? 대한민국은 대학을 졸업하면 대기업, 공무원, 교사 등의 일자리에 사람이 몰려있지 않습니까. 나머지 청년은 무엇을 하면서 살아야 할까요. 다양한 길을 찾아갈 수 있는 분위기를 만들어주는 것이 필요합니다. 이 부분에 대해 민간 영역뿐 아니라 공공 영역에서도 역할을 잘 수행해야 한다고 생각합니다.

광명시가 말 그대로 침상도시, 잠자는 도시, 서울로 출퇴근만 하는 도시가 아니라 이 도시에 살면서 정주의식을 갖고 이 도시의 미래를 함께 걱정하는 청년 중심의 새로운 광명을 만드는 데 여러분이 동참해 주었으면 좋겠고. 동지로서 함께 했으면 좋겠다는 말씀을 드립니다. 깊게 많이 고민하고 함께했으면 좋겠습니다. 고맙습니다.

끊임없이 토론해나가면 그것이
지역사회를 바꾸는 힘이 된다

시장과 함께하는 청년토론회
2018. 12. 15.(토)

제가 서른네 살이 되던 해 1월 20일에 광명에 왔습니다. 그때. 지역에서 청년운동을 같이 하자는 몇 사람이 있었어요. 때마침 회사를 그만두고 정치판에 들어갔어요. 1년 동안 엄청 일했는데 국회의원 선거를 치르고 1000표 차이로 졌습니다. 그 후 고민하다 출판사를 했는데 IMF 때문에 1년 만에 문을 닫았습니다. 그러다 보니 이제 무엇을 해야 하나 내 삶에 대한 근본적인 회의가 왔어요.

대학교 다닐 때 민주화 운동했던 세대인데 학생운동을 하고, 세상을 어떻게 살 것인가. 그때의 고민은 민주 대 반민주, 독재 대 반독재라고 하는 그런 구조에서 살면서 어떻게 하면 세상을 변화시키면서 살 것인가 이것이었어요. 그런데 먹고 살기 위해서 이렇게 살다 보니깐 근본적으로 제 삶에 대한 고민이 생겼습니다.

광명에 오면 청년운동, 지역 운동하면서 지역에 영향력 있는 사람으로 살겠다, 돈은 많이 못 벌더라도 지역을 건강하게 만들자 이 생각으로 들어왔거든요. 서른네 살에 왔을 때 매일 이야기했던 것이 광명의 교육 문

제를 어떻게 하지? 환경 문제를 어떻게 하지? 복지 문제를 어떻게 하지? 몇몇 사람과 매일 이런 얘기를 하고 살았어요. 근데 우리가 밤새 얘기하면 다 정책이 됐어요. 밤을 새워서 친구들하고 얘기하다가 그다음 날 공무원, 시장님과 얘기하면 정책으로 받아들여지고 실행이 돼요.

제가 평생학습센터 사무국장 할 때는 지금의 평생학습원 공간이 아니었어요. 저쪽 농협 2, 3층 건물을 쓰고 있었거든요. 그때 일본에 다녀왔어요. 일본에서 최초 평생 학습도시 선언하고 센터를 만든 것이 가케가와 시인데 그곳에 다녀와서 이만큼의 보고서를 작성해 시장에게 드렸습니다. 광명시가 제대로 평생학습도 시로 성장하려면 평생학습원을 짓고 이렇게 해야 한다고 제안했습니다. 시장님이 그것을 보시더니 내일 간부회의 때 브리핑을 해달라고 하셨어요. 그리고 그 다음 날 부르더니 장소 어디에 했으면 좋겠냐고 물어보셔서 가장 접근성이 뛰어난 곳으로 해야 한다고 답했습니다. 그곳이 현재 평생학습원 자리에요. 많은 사람이 반대했는데 제가 왜 수련관이나 복지관은 전부 외곽에 가 있느냐, 시민들의 환영을 받으려면 가장 접근성이 뛰어난 곳에 해야 한다고 끝까지 우겼었어요. 그렇게 하나하나 정책이 됐습니다. 끊임없이 토론해나가면 하나하나 그것이 다 정책이 되고 내 것이 되고, 지역사회를 바꾸는 힘이 되더라고요.

여러분들도 지역사회에 관한 관심을 두고 일을 했으면 좋겠습니다. 창업 하시는 분, 사업을 꿈꾸시는 분은 사회적기업에 관한 관심을 가졌으면 좋겠어요. 앞으로 사회적경제, 협동조합 만드는 데에 예산을 전폭적으로 지원하려고 합니다. 창업이나 사업을 꿈꾸는 분들은 그런 부분을 같이 해주시면 좋겠다는 말씀을 드립니다. 갖고 계신 모든 꿈 잘 성장시켜 나가시길 바랍니다. 오늘 시간 같이해주셔서 고맙습니다.

자치분권은 민주주의의
하나의 과정

광명시 자치분권 네트워크 간담회
2019. 2. 7.(목)

취임한 지 7개월이 됐는데 이런저런 고민과 생각이 많이 듭니다. 오늘은 자치분권 네트워크 간담회니까 분권과 관련해서 몇 가지 말씀드릴까 합니다. 교육을 다 받으셨고 이렇게 네트워크 간담회까지 하면서 소통하지만, 여전히 자치분권이 무엇이냐고 물으면 답변하기 쉽지 않으실 것 같습니다. 저도 그렇습니다. 자치분권이라고 하는 것이 아직 생소한 용어이기도 하고 분권 과제들이 수백 가지가 있는데 그것에 대해 잘 학습되지 않은 측면이 있습니다. 또 이것을 어떻게 우리 것, 내 것으로 만들 것인가에 대한 훈련도 되어있지 않아 여전히 중앙에서 지방으로 내려주는 것을 받아서 챙기는 정도로만 생각하는 수준이 아닌가 싶습니다.

자치분권은 민주주의의 하나의 과정이라고 생각합니다. 중앙에서 가지고 있던 권력을 지방에 넘겨주지만, 그 권력을 시 집행부나 의회에서 다 누리게 되면 실제로 시민사회는 권력을 행사할 수 없습니다. 그러므로 권력을 좀 더 분권화하고 세분화해서 아주 낮은 단계에서부터 의사 결정할 수 있는 협의 과정을 만들어가야 합니다. 전반적으로 함께하는 과정이 필요하고 그 과정을 통해서 민주주의가 성장하고 지역사회가 골고루

성장해갈 수 있습니다. 결과적으로는 내가 우리 지역사회를, 행정을, 예산을 직접 참여해서 내 것으로, 우리 것으로 만드는 과정이 자치분권의 핵심이라고 봅니다.

좀 더 힘없고 약한 사람한테 더 많은 권한을 주고 똑같이 누리고 힘을 갖게 하는 과정이 필요한데 이 과정 자체를 싫어하는 사람들도 있습니다. 중앙과 지방 정부의 싸움이 있고 지방 정부 내에서도 치열한 싸움이 있습니다. 프랑스에 가보니 우리나라보다 더 세부적으로 자치구가 되어있었습니다. 2,000명이 하나의 자치구로 되어있는 곳도 있습니다. 그만큼 더 세부적으로 쪼개져야 지역사회가 더 균형발전하고 민주주의 기본 틀 구조 안에서 성장한다는 것을 많이 경험하고 있습니다. 이 자리에 계신 분들이 그런 시대정신 가지고 함께 해주셨으면 좋겠습니다.

주민자치회 전환의 가장 큰 의미는 그 안에서 모든 의사 결정을 할 수 있다는 것

자치분권 대학 수료식 및 간담회
2019. 5. 24.(금)

매 저녁에 이렇게 공부한다는 것이 정말 쉽지 않은데 끝까지 함께해 주셔서 감사합니다. 교수님께서 광명시 재정 관련해 강의를 해주셨는데, 지난 1차 추경까지 포함해서 전체 예산 8,600억 원 정도를 확보해 사업을 하고 있습니다. 재정문제로 보면 점점 좋아지고 있는 상황입니다. 제가 2004년도에 시의원으로 일할 당시 광명시 예산이 약 3,500억 원 정도였습니다. 그때와 비교했을 때는 상당히 재정이 좋아진 상태이지만 아직 다른 지자체에 비해 턱없이 재정이 약한 도시입니다.

여러 원인이 있겠지만 가장 큰 원인은 광명에 기업이 없기 때문입니다. 광명시에는 기아자동차 외에 큰 기업이 없습니다. 집안에서도 돈을 많이 벌어야 자녀들한테 투자를 많이 할 수 있는 것처럼 하나의 도시 경쟁력에서 가장 중요한 것이 재정 능력입니다. 그래서 아파트를 많이 짓는 것보다 실질적으로 기업을 많이 유치하는 것이 굉장히 중요합니다.

광명은 1970년대 후반부터 아파트 단지가 들어왔지만, 이렇다 할 만한 도시의 세수 기반이 없었습니다. 하지만 63만 평의 산업단지와 첨단산업단지가 들어와 기업을 유치하게 되면 상당히 재정이 나아질 것이고 중소기업진흥공단을 비롯해 많은 중소기업과 관련된 앵커 기업들이 저희와 새롭게 미팅을 요청하고 있어서 여러 좋은 결과가 있을 것 같습니다.

두 번째로 중요한 것은 이 재정을 어떻게 쓸 것인가 하는 문제입니다. 잘 아시겠지만, 광명시 전체 재정 중 가장 많이 투자한 것이 광명동굴입니다. 그러나 실제로 시민들이 가장 원하는 것은 생활 SOC 사업에 대한 투자입니다. 우리 동네 도서관 하나 더 지어 달라, 스포츠 센터 하나, 문화 센터 하나 더 지어 달라. 청소년, 여성, 청년들이 함께 협업할 수 있는 공간을 만들어 달라는 요청이 아주 많습니다. 그래서 그런 부분에 대해 예산을 투자하기 위해 많은 준비를 하고 있고 중앙정부가 주도하는 여러 가지 공모사업에도 적극적으로 참여하여 4월 말까지 68억 원 정도를 확보했습니다. 시가 잘 벌어야 잘 쓸 수 있어서 투자전략팀을 새로 신설해서 예산확보 작업도 꾸준히 하고 있다는 말씀을 드립니다.

또 하나는 우리 삶을 좀 더 변화시키고 내 삶의 변화를 가져올 수 있는 예산을 어떻게 확보해서 가져갈 것이냐 하는 문제가 있습니다. 우리 동, 우리 지역에 더 많은, 더 의미 있는 예산을 확보하는 과정이 필요한데 그런 의미에서 향후 주민자치위원회의 역할이 굉장히 커질 것입니다. 제가 대통령소속 자치분권위원회 위원인데, 지난달 회의 주제로 주민자치위원회를 주민자치회로 발전시켜나가는 표준조례, 법안을 어떻게 만들 것인가에 대해 논의를 한참 진행했습니다. 시민에게 더 많은 권한을 줘서 스스로 지역문제를 해결하고, 예산에 반영할 수 있는 주민참여예산에 대한 기본적인 방향을 세우는데 정부가 많은 노력을 하고 있습니다.

그래서 광명은 지금 광명5동과 광명7동 2개 동이 주민자치회 시범지역으로 형성되어 있습니다. 주민자치위원회에서 주민자치회로 전환이 되면 여러 가지 의미가 있지만, 첫 번째 가장 큰 의미는 주민총회를 열어서 그 안에서 모든 의사 결정을 할 수 있다는 것입니다. 주민자치가 성장해 가는데 여러분이 역할을 같이 해주셨으면 좋겠습니다.

다시 한번 오늘 끝까지 자치분권 대학에 함께 해주신 여러분께 감사드리고 주민자치 활성화를 위한 자치분권 강화 프로그램을 지속해서 잘 만들어가겠습니다. 여러분 참여를 통해서 광명시가 더 성장할 수 있도록 함께 걸어 나가는 동지가 됐으면 좋겠습니다.

자원봉사란 우리 스스로 지역사회를 변화시키는 주체가 되는 활동

희망 나눔 행복 광명 '자원봉사 리더 양성' 특강
2019. 6. 12.(수)

자원봉사자분들이 이렇게 많이 오신 것을 보니까 광명시가 앞으로 엄청나게 발전할 것 같습니다. 저는 자원봉사가 단순히 남을 위한 봉사가 아니라 우리 스스로가 지역사회의 리더가 되어 지역사회를 변화시키는 주체가 되는 활동이라고 생각합니다. 하나의 자원봉사 운동이라는 생각을 늘 가지고 있습니다.

저는 이 자원봉사가 어느 한순간 만들어지는 것이 아니라 끊임없는 교육을 통해서 만들어지는 것으로 생각합니다. 그래서 이런 교육이 굉장히 중요하다는 말씀을 드립니다.

앞으로 교육받으시면서 이 말을 엄청 많이 들으실 것 같습니다. 자원봉사, 자발성, 공익성, 지속성, 무대가성, 시민성. 저는 이 중 시민성에 관한 이야기만 드리도록 하겠습니다.

지역에서 자원봉사 활동하시는 분들이 많습니다. 그런데 어려운 사람을 도와주고 나의 재능을 기부하는 측면에서 활동하시는 분들은 오래 못하시는 분들이 많습니다. 그런데 지역사회에 관심을 가지고 지역문제를 해결하려고 하시는 분들은 스스로 더 많은 사람과 소통하고 연대하면서 시정에도 참여하고 다양한 형태의 활동을 이어가시는 것을 보았습니다. 어떻게 하면 지역사회를 변화시킬 것인가에 대한 자기 고민 속에서 출발했을 때, 하면 할수록 일에 대한 성취감도 커지고 활동의 영역도 넓어지는 것을 많이 느끼고 있습니다.

실제로 우리가 지역문제를, 우리 문제를 해결하는 삶의 주체로 성장할 수 있는 도시를 만들기 위해서는 시민참여가 제일 중요합니다. 그러기 위해 지난 1년간 끊임없이 500인 원탁토론과 100인 토론회를 진행하면서 간담회, 토론회를 중심적으로 해왔습니다. 그리고 일자리위원회, 시민참여 위원회, 청년 위원회를 30명, 50명, 100명 단위로 만들면서 보통 시민들이 참여할 수 있는 구조를 위해 끊임없이 활동하고 있습니다. 서로의 생각을 공유하는 과정을 통해 공감과 집단지성이 형성됐을 때 광명의 미래를 시민들이 함께 만들어갈 수 있을 것으로 생각합니다. 실제로 지역의 문제, 우리의 문제를 스스로 해결할 수 있는 주체가 되자는 것이 핵심이고 그것을 풀어나가는 과정이 민주주의를 실현하는 과정입니다. 자기 권리를 주장하고 쟁취하는 것. 그리고 모두의 권리를 함께 주장하고 해결하는 것. 이것이 민주주의를 실현하는 과정이고 자치분권을 실현하는 과정입니다. 그리고 그 뿌리가 바로 자원봉사라고 생각합니다.

그래서 처음 말씀드렸던 것처럼 자원봉사의 패러다임이 전통적 개념의 자원봉사, 가난하고 어려운 사람 돕는 자선 형태의 활동에서 현대에서는 지역사회 발전을 가져오기 위한 계획적인 활동으로 변화하고 있다는 관점으로 우리가 역할을 더 하는 것이 바람직하다고 생각합니다. 어렵고 힘들 때마다 여러분의 동지가 되도록 하겠습니다. 우리 광명의 발전을 위해 함께해 주시기를 당부드립니다.

자랑스러운 우리의 지난 100년은 수많은 평범한 영웅들이 만들어 낸 것

광명시 3.1운동 · 대한민국 임시정부 수립 100주년 기념행사

2019. 3. 1.(금)

먼저, 이 자리에 계신 독립유공자와 유가족 여러분께 깊은 존경과 감사의 인사를 드립니다. 조국 광복을 위해 한 몸 바치신 분들의 큰 용기와 숭고한 희생정신을 생각하며 독립유공자와 그의 후손들께 큰 감사와 격려의 박수 부탁드립니다.

100년 전 오늘, 삼천리 방방곡곡에서 만세 운동이 일어났습니다. 빼앗긴 조국을 되찾기 위한 3.1 독립만세운동이 오늘로 100주년을 맞았습니다. 일본 제국주의의 서슬 푸른 칼날에도 북쪽 끝 함경북도에서부터 남쪽 끝 제주도까지 한반도는 태극기로 물들었습니다.

총칼에 맞선 이날 비폭력 · 평화의 외침은 우리와 비슷한 아픔을 겪던 동아시아 약소국에 큰 영향을 미쳤습니다. 중국의 5.4혁명을 준비하던 학생들에게 인도의 반영 독립운동을 이끌던 간디와 그의 동지들에게 '고요한 아침의 나라, 대한민국'은 큰 힘이 되었습니다.

그리고 그해 4월 11일 중국 상해에서 대한민국 임시정부가 수립됐습니다. 나라를 되찾기 위해 국민이 모두 주인인 나라, 민주공화국 대한민국의 역사는 그렇게 시작됐습니다. 평화롭고 정의롭게 함께 나아가는 길, 그것이 새로운 우리의 운명이었습니다.

자랑스러운 우리의 지난 100년은 수많은 평범한 영웅들이 만들어낸 것입니다. 지역과 종교, 연령을 뛰어넘어 학생은 교복을 입고, 점원은 붓을 들고, 직공은 연장을 든 채, 함께 만세를 불렀습니다.

그날의 뜨거운 피는 다음 세대로 끊임없이 이어졌습니다. 부정과 부패, 공포로 가득했던 독재 시대에 항거하며 4.19 혁명과 5.18 광주 민주화운동, 87년 6월 민주항쟁으로 나라를 바로 세웠고, 2017년 촛불혁명으로 국민의 나라를 지켜왔습니다. 뼈아픈 비극인 한국전쟁 이후 함께 힘을 모아 어느 나라보다 빠르게 경제 성장을 이뤘습니다.

잃어버린 줄 알았던 한반도 평화도 끊임없는 노력으로 매일 가까워지고 있습니다. 헤어졌던 남과 북은 함께 만세를 불렀던 그 날처럼 곧 다시 만날 수 있다는 기대로 가득 차 있습니다. 평화와 정의를 운명처럼 받아들이고, 그것을 지키기 위해 스스로 행동했던 시민들은 오늘의 대한민국을 만들었습니다.

올해 광명시는 38년의 역사를 맞습니다. 다음 세대에게 더 나은 광명시를 물려 줄 준비를 지금부터 해야 합니다. 그 첫걸음으로 역사를 바로 알아가는 것부터 시작합시다. 다시 시작하는 대한민국의 100년과 모두 함께 잘 사는 광명의 새로운 미래를 위해 올해를 '역사의 해'로 선포하고자 합니다.

역사를 바로 아는 것은 미래로 나아가는 유일한 길입니다. 독일이 초강대국이 된 배경에는 과거 잘못에 대한 진심 어린 사과와 반성이 있었습니다. 1차 세계대전이 끝난 지 100년이 지난 지금까지도 역사를 바로잡으려는 노력을 끊임없이 하고 있습니다.

그러나 우리는 아직도 잘못된 역사 인식을 가진 이들에 의해 5.18 광주민주화 운동이 왜곡되는 것을 마주합니다. 친일과 반민주 세력은 사회의 기득권이 되어 오히려 더 잘살고 있습니다. 우리 역사를 올바로 알고, 잔재를 청산하는 과정 없이 더 이상 앞으로 나아갈 수는 없습니다. 서로에게 상처 주는 역사는 반복될 것입니다.

2019년을 '역사의 해'로 만들어 잘못된 과거를 바로 잡고, 의미를 되새기며 새로운 미래를 써나갈 준비를 합시다.

우리 광명시 곳곳에도 3.1운동의 역사, 독립투사들의 역사는 살아있습니다. 온신초등학교는 일제 강점기 경찰주재소로, 만세 운동을 벌였던 현장입니다. 이곳에서 윤의병 선생님, 유지호 선생님, 최호천 선생님, 최주환 선생님, 이종원 선생님을 비롯한 200여 명의 주민이 함께 독립을 외치셨습니다.

그들의 생과 사가 담은 의미를 함께 공부합시다. 도서관에서, 지금 우리가 서 있는 이곳에서 우리 발길이 닿는 모든 곳에서 100년 역사를 다시 보고, 다시 읽고, 다시 쓰는 한 해를 만들어 봅시다.

'빼앗긴 들에 봄이 왔듯이' 어떤 저항이 와도 우리는 언제나 새로운 봄을 맞이할 것입니다. 깨어있는 시민이 있는 한 대한민국과 광명시의 봄은 계속될 것입니다. 차별 없이, 소외 없이 모두 함께 잘 사는 봄을 오늘부터 우리 함께 만들어갑시다.

안중근 의사, 윤봉길 의사, 유관순 열사, 백범 김구 선생, 김좌진 장군, 오로지 독립을 위해 한 몸을 바쳤던 선열들을 생각하며, 이름 없이 싸우다 숨진 독립 열사들을 떠올리며, 그들과 그 후손들께 다시 한번 감사 인사를 전합니다. 그리고 오늘 역사의 순간을 함께 해주신 시민 여러분, 모두 고맙습니다.

남북협력기금을 모아
평화통일 준비할 것

남북정상회담 1주년 기념 라이브토크쇼
2019. 4. 22.(월)

사회자 : 한미 정상회담 어떻게 평가하는지

박승원 시장 : 트럼프 대통령과 김정은 국방위원장이 처음 만났을 때 최소한 이 문제를 해결하고자 하는 의지가 강하다는 것이 국민 마음에 전달된 것 같다. 그 신뢰 관계로 시작한 것이기 때문에 과정상 약간의 속도 차이는 있겠지만 분명히 문제가 해결될 것으로 생각한다. 다만 문 대통령께서 처음에 촉진자로서 역할을 하셨는데 지속해서 중재자의 역할을 하시면서 최고의 협상가 모습을 보여준다면 속도가 한결 빨라질 것 같다.

지방 정부의장으로서 한 가지 바람을 가지고 있다면 큰 틀에서 대북 제재까지 포함해서 논의하더라도 지방도 북한과 교류를 자체적으로 할 수 있도록 지방자치단체, 민간이 교류할 수 있는 법안을 빨리 준비해주시면 좋겠다. 광명시가 준비하고 있는 것이 많다. 그런 염원을 가지고 저희도 함께 응원하도록 하겠다.

사회자 : 지자체끼리 남북교류가 현실적으로 왜 어려운 것인가?

박승원 시장 : 취임하고 나서 남북교류 협력위원회를 만들었다. 전문가들 모시고 회의를 진행하는데 거기서 첫 번째로 얘기한 것이 그것이었다. 지방자치단체가 북한과 교류할 수 있는 법적 지위가 하나도 없다는 것이다. 북한과 교류할 수 있는 법적 지위를 빨리 만들어주는 것, 법을 개정하는 것이 우선이라는 얘기를 하셨다.

사회자 : 광명시가 계획 중인 남북교류 사업은

박승원 시장 : 남북교류 관련해서 제일 중요한 것이 지속해서 활동할 수 있게 예산을 확보하는 것이다. 이형덕 부위원장님께서 조례에 준비를 해 주셔서 저희가 기금을 마련하기로 했다. 올해는 10억 원을 예산에 담았는데 매년 10억 원 이상씩 모아서 나중에는 얼마든지 교류 활동을 충분히 할 수 있도록 할 계획이다. 경기도도 기금을 많이 모은 것 같다. 그 돈을 써야 하는데 못 쓸까 봐 제일 걱정이다.

그리고 저희 염원으로 할 수 있는 것들은 다 해보자는 생각에 5월 14일에 DMZ 평화 기행을 하기로 했다. 270명을 선착순으로 모집했는데 2일 만에 꽉 찼다. 광명역에서 도라산역까지 가서 걷기대회도 하고 주변에서 행사하는 것들을 준비하고 있다.

사회자 : 앞으로 지자체에서 하려는 방향과 노력, 청와대와 통일부 장관, 국회의원들께 꼭 하고 싶은 말

박승원 시장 : 빨리 남북미 정상회담이 이뤄졌으면 좋겠다. 한편으로는 문재인 대통령께서 멀티플레이어로서 미드필드에서 왔다 갔다 굉장히 열심히 뛰시는데 국민이 열심히 응원하고 적극적으로 지지하는 분위기가 형성되어야 좀 더 열심히 신나게 뛰시지 않을까 싶다. 그래서 지방 정부나 시민사회가 함께할 수 있는 것이 무엇인가, 같이 찾아보고 같이 했으면 좋겠다.

시청에 보면 깃대가 네 개 올라가 있다. 대한민국 국기, 경기도기, 광명시기, 새마을기가 올라가 있는데 봉을 하나 더 세워서 남북미 정상회담이 열릴 때까지 통일기를 세우면 어떨까. 어떤 이야기를 듣더라도 통일을 염원하는 마음으로 통일기를 걸어보자고 간부회의 때 얘기했었는데, 그런 방법도 찾아보고 다양한 방법으로 저희가 할 수 있는 것들을 함께 노력하는 것이 필요하다고 본다.

청와대나 통일부 장관, 국회에는 요만큼이라도 할 수 있는 것, 조금이라도 열어줬으면 좋겠다는 생각이 든다. 인도주의적 관점에서 할 수 있는 일들을 최대한 다해 보자. 북한이 굉장히 어렵다고 하니깐 실제로 그런 작은 일부터 할 수 있게 통일부가 강력한 리더십을 가지고 더 많은 문을 여는 노력을 해줬으면 좋겠다.

새로운 100년은 평화를 위한
역사여야 합니다

제64회 현충일 추념식
2019. 6. 6.(목)

오늘 우리는 제64회 현충일을 맞이하여 순국선열과 호국영령의 거룩한 희생을 기리고자 이 자리에 모였습니다. 국가와 국민을 위해 목숨을 바친 순국선열과 호국영령의 영전에 머리 숙여 경의를 표합니다. 일제 강점기 대한독립과 민주사회 발전을 위해 헌신한 국가유공자와 유가족 여러분께도 깊은 존경과 위로의 말씀을 드립니다.

오늘 현충일을 맞아 함께 대한민국 100년을 되돌아보고자 합니다. 1910년 일본 제국주의로부터 나라를 강탈당한 후, 1919년 3.1 독립만세운동과 임시정부 수립을 거치며 우리는 마침내 조국 광복을 이뤘습니다. 국내뿐 아니라 중국과 러시아 등 세계 각지에서 치열하게 싸워, 우리의 힘으로 35년 식민지 시대를 종결하고, 독립을 쟁취했습니다.

그러나 독립의 기쁨을 누릴 겨를도 없이 곧 분단이라는 뼈아픈 역사를 마주했습니다. 한반도를 둘러싼 강대국의 정치 논리에 의해 하나의 민족이 둘로 갈라졌고, 분단된 상황에서 6.25 전쟁이라는 비극을 겪었습니

다. 피와 살을 나눈 형제끼리 총, 칼을 겨눈 슬픔은 아직도 우리에게 선명하게 남아있습니다. 월남 파병으로 다시 한번 전쟁의 아픔을 겪었고, 4.19 혁명과 5.18 광주 민주화 운동, 87년 6월 항쟁으로 민주주의를 위해 많은 국민이 희생됐습니다. 우리의 근현대사 100년은 실로 뼈를 깎는 고통의 역사와 다름없습니다.

그럼에도 불구하고 우리는 70년이 채 안 되는 시간 동안 국민의 힘으로 민주주의를 발전시키고, 국민소득 3만 달러, 세계 경제 규모 11위라는 기적과도 같은 경제 성장을 이뤄왔습니다. 아픔의 역사를 겪었지만, 단결하고 화합하면서 서로 함께 이 아픔을 이겨내자는 모든 국민의 강한 신념이 대한민국 100년의 영광을 가져왔습니다.

이제부터 우리는 모두 과거 100년의 아픔과 영광의 기억 위에 새로운 100년 역사를 써 내려가야 합니다. 그러기 위해 아픈 상처를 서로 치유하고 보듬고 사랑해야 합니다. 아직도 우리는 보수와 진보로 나뉘어 정치적·이념적 갈등을 겪고 있습니다. 그러나 우리는 같은 국민이며 시민이고 한 가족입니다. 우리는 하나입니다. 우리가 서로 다르지 않다는 마음으로 같은 걸음을 내걸 때 새로운 민족 번영의 시대를 열어갈 수 있습니다. 분단의 역사를 안긴 죄를 덜고, 우리 후손들에게 자랑스러운 나라를 물려주기 위해, 평화의 길로 가야 합니다.

새로운 100년은 평화를 위한 역사여야 합니다. 그리고 우리 광명시와 시민 모두는 그 평화의 길에 함께하고 있습니다. 지난달 광명역에서 272명의 시민과 평화열차를 타고 DMZ를 방문했고, 그곳에 대한민국의 번영을 염원하는 나무를 심었습니다. KTX광명역과 개성까지 연결하는 남북평화 고속철도가 한반도 평화에 이바지하길 모두 한 마음으로 바라고 있습니다. KTX광명역을 출발한 남북평화 고속열차가 한반도를 가로질러 달리는 것이 광명의 꿈이고, 시민의 꿈이며, 우리의 미래이고, 밥입니다.

선열들이 피와 눈물로 지켜왔던 평화와 자유, 민주주의를 이제 우리가 지켜가야 합니다. 차별과 소외 없이 모두가 함께 잘 사는 것, 한반도의 평화와 번영을 이루는 것이야말로 순국선열과 호국영령에 대한 진정한 추모와 보훈의 길입니다.

많은 분의 고귀한 삶과 정신이 모두의 자긍심이 되고, 오늘의 용기가 될 수 있도록 많은 시민과 함께하겠습니다. 다시 한번 대한민국의 모든 애국 영령과 평화와 자주독립, 민주사회를 위해 이름 없이 젊음과 생명을 바치신 분들께 존경의 마음을 전합니다.

고맙습니다.

공공일자리는
또 하나의 복지

일자리위원회 위촉식
2018. 12. 10.(월)

한파가 지속되고 있는데 시간 내주셔서, 함께 해주셔서 감사합니다. 일자리위원회가 드디어 만들어졌는데요. 시장 직속 일자리위원회를 만들겠다고 해놓고 5개월을 준비한 것 같습니다. 이 자리에 오신 분들은 각계각층에 계신 분들이고, 청년, 여성, 노인까지 전체적으로 계층별로 어느 정도 다양하게 참여할 수 있는 형태가 된 듯합니다. 사회적경제 분야, 다양한 청년 창업가를 비롯해 다양한 부분에서 일하시는 분들, 일자리 창출과 관련해 전문분야에서 일하시는 분들이 함께 참여하셨습니다.

시장 직속 일자리위원회는 지방자치단체가 실제로 가장 필요로 하는 공공일자리를 새롭게 창출해 내는 것, 민간일자리를 창출하는 것인데, 공공일자리 창출하는 것이 우선이기 때문에 이 부분에 대한 전체의 의지와 의견을 잘 모아내는 것이 필요하겠다고 판단해 여러 가지 이문제와 관련해 고민 많으신 분들을 모신 거 같습니다. 함께해 주신 것에 대해 진심으로 감사 드립니다.

좋은 일자리 포럼에서 광명시가 한 번 발표한 적이 있었는데, 내일 다시 발표합니다. 정부는 공공일자리를 많이 만들어내는 것을 최고 목표로 갖고 있는 것 같습니다. 일자리는 기업에서 만들어내는 건데 공공일자리 만들어봐야 얼마나 내겠냐는 것이 일반적인 평이기도 하지요. 하지만 이미 유럽을 비롯해 많은 나라에서 공공일자리가 또 하나의 복지로서 자리매김하고 있습니다. 또 그동안 교육, 복지, 환경, 안전 분야 등 각 분야에서 많은 일자리가 필요한데 그런 부분을 못 만들어낸 측면이 있습니다. 저희가 공공일자리를 통해 잘 준비해간다면 향후 안정적이고 질 좋은 일자리가 더 많이 만들어질 것이라는 희망을 갖고 있습니다.

무엇보다 청년 실업률이 상당히 높아서 청년 일자리가 매우 중요한 문제입니다. 우리 광명시는 청년 일자리에 집중하겠다는 계획을 하고 있고, 광명 노인인구가 4만 명, 12퍼센트 정도 되는데, 노인인구가 급속히 늘어남에 따라 일자리에 대한 새로운 전략도 필요하다는 생각하고 있습니다. 경력단절 여성 일자리는 당연히 우리가 늘 고민해야 하는 측면들이고요. 이런 분들에 대해 깊이 있게 고민하고 우리 시가 당장 실행해야 하는 것이 무엇인지 먼저 고민하는 것이 중요하다는 생각하고 있습니다.

민간일자리 관련해 가장 좋은 것은 광명에 기업이 많이 들어오면 광명에 일자리가 그만큼 많이 생기겠죠. 그런 큰 틀에서 기업이 유치될 수 있도록 꾸준히 노력하는 것입니다. 다만 청년들이 새로운 기업에 많이 취업할 수 있도록 기업과의 연계 체계를 어떻게 만들어갈 것인가 이것에 대한 부분을 체계적으로 만들어가야 합니다.

그러기 위해서는 일자리를 최소한 1, 2년 논의를 통해 만들어 내야 한다고 보고 있습니다. 독일, 스웨덴, 유럽에서도 잘나가는 나라 보면 청년 일자리에 대한 고민, 노인 일자리에 대한 고민을 오랫동안 논의하면서 지속해왔던 것 같습니다. 최근에 독일이 노인들과 청년들을 연결하는 작업을 하는데, 노인들이 사는 집에 청년이 들어가서 살면서 정원도 가꾸고 청소도 해주고 대신 일정 비율로 임대료를 적게 받는 시스템입니다. 청년과 노인이 공동체를 형성해나가고 아울러 안정된 일자리, 주거 문제도 해결하는 독일의 모델을 보면서 우리도 그런 것들을 찾아보자는 생각을 했습니다. 광명에는 40, 50평에서 두 분이 사시는 분도 많아요. 이를 청년층과 매칭하는 것입니다. 이런 부분은 하루아침에 나오는 것이 아니라서 토론을 통해 광명시에 맞게끔 만들어냈으면 좋겠다는 생각하고 있습니다.

결국에는 나라도 마찬가지고 지방자치도 마찬가지고 일자리를 통해서 안정적인 도시를 형성해가려면 이런 부분에 대한 지속적인 노력을 해나가야 할 것 같습니다. 이것이 성공적인 모델이 되면 정부에서 받아 가겠죠. 그것이 지방자치가 가지고 있는 가장 큰 매력이니깐 자신감을 갖고 했으면 좋겠다는 말씀드립니다.

예산의 쓰임엔
공공성이 있어야

주민참여예산위원회 종합설명회
2018. 12. 27.(목)

8년간 경기도의회에 있으면서 예산의 편성에 대해 경험하고 느꼈던 점이 있습니다. 이 예산이 얼마나 효율적이고 타당한가 하는 것이 첫 번째 관점이었고, 두 번째는 예산의 균형입니다. 관행적으로 해오는 예산, 저는 기득권 예산이라고 표현하는데요, 관행적으로 써왔던 예산 중에서 과감하게 버릴 것은 버리고 새로운 사업들을 해야 한다는 생각합니다. 시대가 바뀌었으면 바뀐 상황에 맞게 일몰로 접어야 할 사업은 접어야 합니다. 그래야 시대적 요구에 맞는 새로운 사업들을 시작하는데 그런 시대적 요구에 맞는 사업이 어떤 것인지 이것을 전체적으로 보는 힘이 우리한테 있어야 한다는 생각하고 있습니다.

아울러 사회적 약자를 위한 예산이 무엇이냐를 바라보는 힘이 있어야 합니다. 그동안 정부도 마찬가지지만, 힘 있는 자에게 예산이 더 많이 갔습니다. 우리가 그것을 스스로 극복해내지 못하면 힘없는 자에게는 예산이 갈 수 없습니다.

또 하나는 세대에 관련된 부분입니다. 청년층이 일자리도 없고 어려운데 청년층에 대한 예산은 어떻게 세울 것인가 생각해봐야 합니다. 두 가지 흐름이 있는데, 기본소득이라는 개념이 새롭게 들어와서 이재명 지사가 성남 시장할 때 청년 배당으로 만 24세 청년에게 100만 원을 지급했습니다. 실제로 청년층이 사회활동을 원활히 하도록 주는 건데 기본소득 외에도 실제로 청년층들이 취업하기 위한 여러 가지 교육이나 지원들이 이뤄져야 합니다. 제가 어렸을 때만 해도 고등학교 졸업하면 어디든 다 취직하고 열심히 일하면 생활할 수 있을 만큼 급여를 받는데 지금은 그렇지 않습니다. 5년마다 새로운 직업이 생기고 직업이 없어지는 상황이기 때문에 청년층에 대한 일자리와 취업 교육을 위한 예산을 배분해야 할 필요가 있습니다.

세대에 대한 고민 속에서 또 하나 고려해야 할 부분은 노인층에 대한 예산 배분입니다. 급속하게 노인이 늘어나고 있는데 노인인구에 대한 예산을 어떻게 세울 것인가 고민해봐야 합니다. 정부가 주는 노령연금만으로는 부족하므로 어르신들을 위한 새로운 일자리를 찾아서 예산을 최대한 투입해야 합니다. 이런 것들이 저희가 새롭게 고민해야 하는 큰 틀의 정책적 과제이고 관련된 예산의 배분 원칙을 찾아내야 합니다. 그것을 전체적으로 객관적으로 볼 수 있는 힘이 있어야 한다고 생각합니다.

주민참여예산 제도에서 최종적으로 결정된 사업들을 보며 생각한 것은 모두에게 유익한가, 공공성이 있느냐는 겁니다. 예를 들어 사도인데 움푹 파여서 포장해달라는 민원들이 있는데 원칙을 세웠습니다. 사도지만 많은 시민이 이용하는 도로면 우리 돈을 들여서라도 해야 한다고 생각합니다. 하지만 굳이 많은 시민이 이용하지 않으면 우리 예산을 들일 필요가 없다는 것입니다. 이 예산이 공공성을 위해 정말 필요한 것인지, 아니면 특정 단체를 위한 예산인지를 판단하는 것이 중요한 관점입니다. 주민참여예산위원회에서 그런 관점과 방향성으로 잘 설계해주시면 내년도에 더 많은 좋은 예산이 세워질 것이라고 봅니다.

희망을 만들어가는
청년이 되었으면

대학생 아르바이트 오리엔테이션
2019. 1. 2.(수)

여러분, 한 달 동안 시에서 많은 경험을 하실 텐데 좋은 경험이 되길 바랍니다.

희망보다 더 큰, 센 힘은 없습니다. 희망을 가지시고 더 많은 꿈 준비하시기 바라고. 많은 친구가 랜덤 형식으로 선정되는 것이지요. 좋은 경험 많이 하시기 바랍니다. 한두 가지만 당부드리고 가겠습니다.

사람이 음식을 안 먹으면 며칠까지 살 수 있을 것 같으세요? 아무것도 안 먹으면 40일이면 죽고 물은 4일 안 먹으면 죽고 공기는 4분 안 마시면 죽는다고 합니다. 그런데 희망이 없으면 단 1초도 살 수 없다고 어떤 유명한 분이 말씀하셨더라고요. 내가 살아가야 하는 이유가 무엇인지 분명한 사람들은 늘 자기 삶에 대한 목표도 있고 희망도 분명합니다. 여러분들 늘 희망을 잘 만들어가는 청년이 되었으면 좋겠습니다.

그리고 한 달 동안 처음으로 이런 아르바이트를 하는 것이기 때문에 많은 것을 배웠으면 좋겠습니다. 인생이 많이 바뀌는데 자기 삶이 결정되는 순간이 계속 있습니다. 중학교 때, 고등학교 때 아니면 졸업하고 나서. 그런데 어느 한순간, 어느 선배의 말 한마디에 의해서 인생이 바뀔 수가 있어요. 여러분이 있는 동안에 공무원 선배 여러분들 이야기를 듣다가 어느 한순간 아, 나는 내가 이렇게 살면 좋겠구나 하면서 자기 삶이 바뀔 수가 있습니다. 잘 듣고 잘 보고 좋은 관계 유지하다 보면 새로운 삶을 만들어갈 수 있을 것 같습니다. 한 달 동안 있으면서 좋은 경험 많이 하시기 바라고요. 모르는 것이 있으면 많이 물어보시고 대학생 시절에 가졌던 모든 생각들을 여기 있으면서 정리도 해보고 그랬으면 좋겠습니다. 축하드리고 좋은 경험 많이 쌓아 가시기 바랍니다.

철학이 담긴 교육도시
광명을 지향합니다

청소년 정책협력사업 초 · 중 · 고 학교장 간담회
2018. 11. 21.(수)

교육장님께서 학교 중심보다는 학생 중심의 교육이 되어야 한다고 하신 말씀에 적극적으로 공감합니다. 이재정 교육감님도 늘 하셨던 말씀으로 기억하고 있습니다. 그렇다면 시가 어떻게 할 것인가 하는 것이 중요한 관점입니다. 우리 아이들이 지식도 중요하고 입시도 중요하지만, 이 아이들이 사회로 나와서 어떻게 살아갈 것인가에 대한 교육도 매우 중요하다고 생각합니다.

아이들이 밖으로 나와 세계와 어떻게 소통하고 어떻게 관계를 형성하고 어떻게 내 삶을 주체적으로 만들어 갈 것인가가 교육개혁의 새로운 과제라는 것을 들은 적이 있습니다. 격하게 동감하고 제가 가끔 이 자리에 와서 청소년들이 하는 여러 정책 제안사업, 활동 사업을 보고 듣고 많은 질문을 받는데 아이들의 생각 속에 내가 나중에 뭘 할 수 있을 것인가에 대한 고민이 깊숙이 깔려 있다는 것을 느꼈습니다.

학생 중심의 교육을 하다 보면 제일 힘든 분들이 선생님일 것 같습니다. 혁신하고 또 혁신해야 할 것입니다. 그런 측면에서 이 자리에 계신 학교장님들이 굉장히 힘드시겠다는 생각도 듭니다. 그 길을 함께하는 동반자로서 저도 역할을 하겠다는 말씀을 드립니다.

내년 광명시에 교육협력지원센터를 만들려고. 내부적인 논의를 시작했습니다. 이 사업을 선언적으로 던지기보다는 충실하게 준비해서 일을 시작해야 여러 가지 어려운 점을 극복할 수 있다고 생각합니다. 따라서 교육협력지원센터를 만들 때 교육청과 충분한 협의하고 같이 준비하도록 하겠습니다.

광명시가 성장하는 데는 두 가지 축이 있습니다. 우선 양적 팽창을 위한 주거 문제, 환경 문제, 교통 문제 이런 여러 가지 문제를 담당하는 것이 도시계획입니다. 이에 따른 뉴타운 사업과 재건축, 역세권 개발, 구름산 지구 개발 등은 미래도시를 만들어가기 위한 하나의 성장 동력입니다. 또 다른 축으로 교육, 문화, 복지, 우리 모든 생활, 삶에 관련된 질적 팽창을 어떻게 잘 이뤄나갈 것인가가 중요한 문제입니다. 특히 교육이 이 두 번째 축의 가장 중요한 가치라고 생각합니다.

철학이 담긴 교육도시 광명을 지향한다는 목표를 내년에 정리해서 시민들께 말씀드리고 그 일을 함께 해나가려고 합니다. 시정을 펼쳐나가는 데 가장 중요한 것은 시민 모두가 같이 합의하고 협력하면서 동반자적 가치를 끌어내는 것으로 생각합니다. 또한 교육도시를 만들어 가는데 무엇보다 중요한 것은 학교와 학생, 학부모님들이라고 생각합니다. 교육협력 사업을 중심으로 한 미래 교육도시를 만들어 나가도록 최선을 다하겠다는 다짐과 약속을 드립니다. 감사합니다.

5장

기고문

신문에 기고한 글 모음

평화의 시대를 맞는 우리의 자세 – 경기신문
지방정부, 일자리 힘 모아야 할 이유 – 경인일보
즐겁게 배우고 신나게 나누자 – 중부일보
공감의 1년, 공공성 강화의 시작 – 중부일보
함께 잘 사는 광명, 사회적경제로부터 – 중부일보
지방자치단체의 코로나 선제적 대응 – 경기일보
공정한 배움의 기회, '광명시 평생학습장학금' – 경향신문

광명시가
민선 7기를 시작하며
시민참여를 강조한 것은,

공감을 바탕으로
공공성을 강화하려는
의지의 표현입니다.

도시개발 등 눈에 띄는 성과를 내려 하기보단
시민이 참여할 기회를 최대한 열고
공감을 형성하는 일에 집중했습니다.

조금 느리더라도
지방정부가 공공의 이익을 위해 존재하고,
시민의 힘으로 공공성을 지켜내는 경험을
함께하는 것이 먼저입니다.

평화의 시대를 맞는 우리의 자세

〈경기신문 2018.10.09.〉

지난 9월 19일 문재인 대통령과 김정은 북한 국무위원장은 세 번째 포옹했다. 지난해 말까지 금방이라도 전쟁이 날 것 같던 남북관계는 우리 정부의 계속된 노력의 결과가 김 위원장의 신년사와 평창 동계올림픽으로 드러나며 평화모드로 돌아섰다. 1989년 독일 베를린 장벽이 무너졌던 것처럼, 한반도 평화는 성큼 우리 곁으로 다가왔다.

4월 27일 판문점 선언에서 우리는 70년간 끊어진 듯 이어져 온 한반도 전쟁이 마침내 끝날 수 있다는 희망을 보았다. 냉전체제가 막을 내린 한반도에 새로운 평화와 번영의 시대가 오길 기대하고 있다. 9.19 평양 공동선언문에는 군사, 경제, 관광 등 여러 분야의 구체적인 교류 내용이 담겼다. 판문점 선언에서 시작한 평화는 평양에서 두 걸음 더 다가왔다.

중앙에서 평화를 열고 번영을 약속하면 지방 정부는 시민의 안전과 행복을 위해 일한다. 우리는 아침마다 타는 버스에서, 저녁 장보기 위해 들르는 시장에서, 아이들 손잡고 걷는 공원에서 중앙정부보다 가깝게 지방정부를 만난다. 그리고 시민은 그 안에서 매일을 산다.

나는 오랫동안 자치분권이 우리 삶을 달라지게 한다고 말해왔다. 중앙정부는 외교와 국방에서 큰 틀을 만들고, 지방 정부는 시민의 목소리를 들어 일상을 담은 정책을 실현하고, 시민은 주권자답게 참여하고 행동하는 것이 자치분권이다. 이 모든 것이 제대로 맞물려 돌아갈 때 우리 시, 우리나라, 우리 삶이 탄탄해진다.

어렵게 찾아온 한반도 평화를 오래 누리려면, 그래서 지방 정부와 시민의 힘이 필요하다. 지방 정부는 남북교류에서 중앙정부보다 자유로워 유연하게 대처할 수 있다. 문화, 교육, 체육 등 비정치적인 분야의 남북교류를 지방 정부가 주도할 수 있다. 서로의 특산물을 파는 상생 장터를 열고, 공동 체육대회를 개최하고, 수학여행으로 남북을 오가고, 광명에서 평화철도를 타고 신의주를 지나 중국으로 갈 수 있다.

시민의 역할은 더 중요하다. 70년이나 떨어져 있던 남북 사람들이 한반도에서 평화롭게 살기 위해서는 먼저 서로를 이해해야 한다. 사는 모습을 보고, 안부의 말을 나눈 경험은 이해의 폭을 넓힌다. 함께 올려다본 하늘과 산은 우리가 다르지 않다는 공감대를 만든다. 이런 과정을 거친 시민은 평화와 통일을 더 쉽게 받아들이고, 앞으로 남북관계의 든든한 지원군이 될 것이다.

광명시는 미래의 지원군, 시민과 함께 평화의 시대를 준비하겠다. 참여는 습관이자 일상이다. 내가 사는 동네에 가장 필요하고, 우리 삶을 아름답게 변화시키는 정책은 시민의 참여를 통해 만들어지고 실현된다. 지방 정부는 시민이 자신을 위한 정책에 목소리를 내도록 장을 만들고, 충실히 반영해 현실로 보여주면 된다. 이렇게 시민의 참여가 일상이 됐을 때 지방 정부의 정책은 고유한 색을 띤다. 특별한 정책이 많을수록 남북 지방정부간 교류에서 우위에 설 가능성도 커진다. 광명시는 북한의 도시들과 평생교육을 함께 할 수 있고, 청년 창업자를 위한 판로를 열 수 있고, 북한 도시 곳곳을 찾아가 음악회를 개최할 수 있다. 무엇보다도 시민이 참여했을 때 지방 정부가 어떻게 달라지고 윤택해지는지 보여줄 수 있을 것이다.

그리고 KTX광명역은 모든 교류의 시작일 것이다. 시간이 돈이고 곧 경쟁력인 때 남한 광역교통망이 만나는 광명역은 가장 빨리 북한에 닿을 수 있는 통로다. 남북의 철도가 연결되면 KTX광명역에서 출발한 평화철도를 통해 남북이 빨리 만날 수 있다. 더욱 많은 사람이 오가고, 사람을 따라 다양한 문화가 흘러갈 것이다. 빠르고 다양하게 교류의 영역을 확장할 수 있다.

평화의 시대가 현실로 다가왔다. 문재인 대통령이 평양 시민의 손을 잡은 것처럼, 광명시장이 신의주 시민과 악수하고, 남북 시민이 만나 포옹하는 날이 곧 온다. 그때부터는 모두가 어색하지 않게 만나고, 가진 것을 함께 공유하면서 평화를 지켜내야 한다. 이것이 평화의 시대를 맞아 중앙정부는 중앙정부답게, 광명시는 광명시답게, 시민은 시민답게 제 몫을 해내야 하는 이유다.

지방정부, 일자리 힘 모아야 할 이유

〈경인일보 2018.12.24.〉

정부의 내년 예산안이 통과됐다. 그중 일자리 예산이 단연 눈에 띈다. 올해보다 20%가량 늘어 23조 원이 책정됐다. 정부는 그중 78%를 상반기에 투입하기로 했다. 사상 최대 규모의 예산을 일자리에 투입해 심각한 고용상황을 개선할 계획이다.

중앙과 지방 정부가 만드는 공공일자리를 일부는 곱지 않게 바라본다. 일자리는 세금이 아니라 민간 분야에서 생산 활동을 통해 만들어내야 한다는 생각이 있다. 많은 소득을 보장하고, 하루 평균 8시간 이상 근로를 일자리라고 한다면 이러한 지적이 옳을 수도 있다.

그러나 모든 사람이 원하는 일자리가 같을까. 어린아이가 있는 경력단절 여성은 일이 필요하지만, 종일 근무가 힘들 수 있다. 대학생이 사회 경험을 쌓으면서 학업을 병행하고 싶어 한다면? 어르신이 생활비나 용돈을 벌어야 하는 상황이라면? 이럴 때 영리가 목적인 민간 분야에서는 적극적으로 나서기 힘들 수 있고, 일자리를 만들더라도 사회공헌에 가까울 수 있다.

그러나 지방 정부는 시민의 다양한 요구에 맞춘 일자리를 만들어 낼 수 있다. 광명시가 추진하려는 '광명 1969 행복 일자리 사업'은 근무 시간이 주 20시간 내외이다. 19세 청년부터 69세 노인까지 일하려는 사람의 요구와 특징을 반영했다. 청년에게 방과 후 4차 산업혁명과 관련한 드론 교육과 댄스, 미술 등 문화·체육 교실을 맡기고, 경력단절 여성은 보육교사 보조 업무나 놀이, 학습 영역에서 일할 수 있다. 다문화·북한 이탈 시민은 관공서 민원실에서 외국인을 대상으로 안내 도우미로 일할 수 있다.

이 일자리는 비단 구직자의 눈높이에만 맞춘 것이 아니다. 학교에서는 방과 후 아이들을 위한 교육 프로그램이 고민이고, 구내식당에서는 점심시간에 한꺼번에 몰리는 사람들로 일손이 늘 부족하다. 보육교사는 한 번에 5~6명의 아이를 돌봐야 한다. 우리가 밥을 먹고, 배우고, 아이를 키우는 한 지속되는 부족함이다. 지방 정부가 만드는 공공일자리는 시민의 다양한 요구와 여러 기관의 필요가 만나 만들어진다. 이것이 민간일자리와 다른 측면이고, 지방 정부가 일자리 창출에 적극적으로 나서야 하는 이유다. 이렇게 만들어진 일자리는 지속성과 안정성을 갖게 된다.

지방 정부의 일자리 정책은 도시가 겪는 여러 문제를 한꺼번에 해결하는 실마리를 제공하기도 한다. 지역을 가장 잘 알고 시민과 가깝게 만나는 지방 정부는 일자리 문제를 지역 공동체 안에서 풀어갈 수 있다. 청년과 노인의 공동체는 청년 실업을 넘어 빈곤으로 확대되는 우리 청년 문제와 초고령 사회로 진입하면서 짊어질 노인 문제 해결의 물꼬를 튼다.

이 공동체는 일부 지방 정부에서 추진했던 '한 지붕 두 세대 살기', 프랑스의 '꼴로까시옹' 등 주거 공간을 단순히 나누는 것에서 조금 더 나아간다. 청년과 노인, 일자리와 주거 등 다양한 수요와 공급이 만나 이루어진다. 노인은 청년에게 빈방을 제공하는 대신 집 안 청소, 전구 갈기 등 힘에 부치는 집안일을 맡기고, 청년은 작은 일을 나눠함으로써 저렴한 임대료만 지불하는 것이다. 브라질에서는 영어를 배우고자 하는 청년을 미국의 노인과 연결해주는 온라인 화상 대화 플랫폼이 운영되고 있다. 노인은 재능기부 형태로 일하면서 외로움을 달래고, 청년은 역량을 향상시킬 기회를 얻는 것이다.

지역공동체 안에서는 일자리와 주거 문제가 동시에 해결된다. 공동체는 외로운 감정을 어루만지며 그 안에서 아무도 소외되지 않도록 단단한 안전망이 된다. 삭막한 도시의 공기까지 따뜻하게 변화시키는 공동체는 지방 정부가 잘 해낼 수 있는 분야이다.

청년에서 노인으로, 일자리에서 주거로 이어지는 사람이 겪는 다양한 문제는 지방 정부와 시민이 함께 호흡하면서 지속해서 논의할 때 해결될 수 있다. 이 과정에는 오랜 시간이 필요하고, 수많은 시행착오를 각오해야 한다. 지역을 잘 모르고 눈에 보이는 이익이 먼저인 민간 분야는 해결하기 어렵다.

지방 정부가 추진하는 공공일자리 정책은 단순히 일자리만 낳지 않는다. 우리가 매일 살아가면서 겪는 어려움과 도시 성장의 장애물을 제거하는 출발점이며, 더 나은 삶을 이루고, 모두가 함께 잘 사는 도시를 위한 시작이다. 일자리는 복지다.

즐겁게 배우고 신나게 나누자

〈중부일보 2019.01.08.〉

1999년 3월. 대한민국에 최초의 평생학습센터가 문을 열었다. 센터는 광명시에서 가장 유동 인구가 많은 철산동에 터를 잡았다. 광명시는 그렇게 '평생학습'의 첫걸음을 뗐다.

처음 한 발을 떼기까지 모든 과정이 도전이고 모험이었다. 평생학습센터라는 이름마저 수많은 반대와 토론, 설득 과정을 거쳐야 했다. 센터의 이름은 '교육센터'가 아닌 '학습센터'여야 했다. 학습은 배우는 이가 주인이다. 스스로 배워서 익히는 것이 핵심이다. 능동적이고 창조적인 배움 그 자체다. 당시 공무원들은 이 개념을 이해하지 못했다. 교육은 교육청이 하는 것이지, 지방 정부가 할 일이 아니라는 생각이 뿌리 깊게 박혀있던 때였다. 더군다나 학습이라는 개념은 이름조차 생소했던 시대였다.

대학교가 없어 늘 교육에 목말라 했던 광명시민을 위해 광명시 전체를 시민대학으로 만들자는 생각이 평생학습센터의 씨앗이다. 이것이 발아하기 위해 시민들이 가장 쉽게 찾을 수 있는 위치는 물론 정체성을 정확히 나타내는 이름이 꼭 필요했다. 평생학습이라는 이름을 사수해야 했던 이유다.

어렵게 태어난 평생학습은 올해로 스무 살이 됐다. 누구인지 알리기 위해 부단히 노력했던 세월이었다. 진가를 먼저 알아본 것은 역시 시민이었다. 시민들은 스스로 공부하고, 성장했다. 배워 익힌 것을 이웃과 기꺼이 나눴다. 광명시에 공식적으로 등록된 학습동아리는 331개. 등록하지 않은 동아리까지 합치면 그 수는 훨씬 많을 것이다. 자발적으로 학습하는 시민은 배우는 것에만 그치지 않고 지역에서 봉사하고 배움을 나누며 스스로 마을 공동체를 이뤄왔다.

광명시는 올해 다시 신발 끈을 고쳐 매기로 했다. 교육도시로 더 멀리 나아가기 위해 20년 전 첫 마음을 되새기고자 한다. 그리고 지금까지 광명시와 시민이 함께 키워왔던 평생학습을 교육의 품에서 더 확장해 새로운 꿈을 꾸기로 했다.

그 중심에는 평생학습뿐만 아니라 교육청과 지속해오고 있는 혁신 교육도 자리한다. 아이들이 안전하게 배우며 건강하게 자랄 수 있는 환경을 만들려는 학교와 지방 정부, 교육청의 약속이 혁신교육지구 사업이다. 혁신 교육은 학교만이 교육을 책임진다는 기존 관념을 벗어난 개념이다. 그런 의미에서 평생학습과 닿아있다.

또 다른 축은 교육복지가 맡았다. 무상급식에서 시작해 무상 교복, 무상교육까지 확장된 배움의 권리가 교육복지의 핵심이다. 학생들이 먹는 것, 입는 것 걱정 없이 즐겁게 배움에 임하는 환경을 만드는 것이 지방 정부와 교육기관의 몫이다. 교육복지는 교육은 의무라는 기존 생각에 도전하며, 권리라는 것을 일깨워 준다. 광명시는 교육복지에서 반걸음 빠르게 움직여 왔다. 일찌감치 완성한 친환경 무상급식을 방송·통신 중학교와 대안학교까지 확대했고, 처음으로 중·고등학교 신입생에게 교복 구입비를 지원했다. 올해 상반기에는 고등학교 3학년생부터 무상교육을 시작한다.

이 모든 것들은 마을 교육에 종착한다. 배움을 학교라는 울타리에 가두지 않는 것. 삶 곳곳에서 학습이 이루어지고, 누구나 아는 것을 나누는 마을 공동체를 만드는 것. 온 마을이 학교가 되고, 학교는 모두의 공간이 되는 것. 이렇게 마을과 학교, 배우고자 하는 이와 가르치는 이의 경계를 옅게 해 차별과 소외 없이 다 함께 잘 사는 도시가 되는 것이 교육도시 광명이 마지막에 가 닿을 지점이다. 광명시의 새로운 꿈이다.

평생학습을 처음 시작했을 때, 가장 많이 들었던 것이 '이상적'이라는 말이었다. 가장 완전하다고 여겨지는 것. 그래서 현실이 되기에 어렵다고 생각하는 것을 사람들은 이상적이라고 한다. 우리의 새로운 꿈도 이상적이라고 이야기할지 모른다.

얼마 전 광명시 안현초등학교 6학년 학생들을 진로 탐색 시간에 만났다. 아이들에게 '즐거운 학교, 신나는 학교'가 무엇인지 물었다. 예상했던 것과 다르게 실제 나온 아이들의 대답은 놀라웠다. 아이들은 학교의 이상향으로 다 함께 활동하고, 선생님과 학생들이 서로의 입장에서 생각하고 수업할 수 있는 학교, 스스로의 꿈을 키워나갈 수 있고, 직접 만들어가는 학교를 꼽았다.

평생학습과 혁신 교육, 교육복지, 마을 교육이 어우러진 광명시의 꿈은 이상적일까. 아이들의 이야기에 답이 있다. 교육도시, 광명의 꿈은 아이들의 꿈과 닮아있다. 아이들은 본능적으로 안다. 다 함께 배우고 나누는 것을. 다시 시작이다. 즐겁게 배우고 신나게 나누자.

공감의 1년, 공공성 강화의 시작

〈중부일보 2019.07.30.〉

100년 전, 1919년 4월 11일 대한민국 임시정부는 임시헌장 제1조에 대한민국은 민주공화제임을 선언했다. 라틴어 레스 퍼블리카(res publica)에서 유래한 공화국은 공공의 나라를 의미한다. 당시 전 세계 어느 나라 헌법에서도 볼 수 없던 민주공화제를 명시함으로써, 우리 선조들은 공공성을 중시하는 나라를 만들고자 했다. 대한민국은 그날로부터 한 사람의 국가에서 모두의 국가로 새롭게 태어났다.

그 이후 우리는 전쟁의 폐허 속에서도 국민소득 3만 달러, 세계 경제 규모 11위라는 기적 같은 성장을 이뤄냈다. 그러나 소수 기득권자에게 경제 이익이 집중되고, 권력과 기회가 독점되는 불공정, 사회·경제적 양극화는 점차 심화했다. 성장으로 얻은 부와 기회가 모두에게 골고루 나눠지지 못한 채, 대한민국이 담고 있던 공공성의 가치는 점차 훼손되어 갔다. 민주화 운동과 촛불혁명으로 우리가 지키려 했던 것이 '공공의 가치'였지만, 이것을 지켜내는 일은 너무도 어렵다.

1981년 광명시는 인구 15만 명의 작은 도시였다. 서울 구로공단 근로자들을 위한 주거단지, 그것이 광명의 첫 시작이다. 38년이 지난 지금은 32만 명 시민이 살고, 전국에서 처음으로 3대 교육복지를 완성하고, 매년 100만 명 이상의 관광객이 찾아오는 도시로 성장했다. 남북교류와 자치분권이라는 국가적 과제에서도 당당히 목소리를 내며, 일정 부분 기여하는 지방 정부로 자라났다.

그러나 커진 몸집과 다르게 지역 간 격차, 취약계층의 소외 등 다른 문제가 생겨났다. 공공의 가치가 균열하고 양극화가 심화하는 것은 우리의 문제이기도 했다. 시민들은 정직하게 일해 낸 세금이 모두를 위해 쓰이는지, 정책이 편중되지 않고 공공의 이익을 위해 추진되는지 알기를 원했고, 알 권리가 있었다.

광명시가 민선 7기를 시작하며 시민참여를 강조한 것은 공감을 바탕으로 공공성을 강화하려는 의지의 표현이다. 이를 위해 지난 1년 도시개발 등 눈에 띄는 성과를 내려고 하기보다 시민이 참여할 기회를 최대한 열고 공감을 형성하는 일에 집중했다. 조금 느리더라도 지방 정부가 공공의 이익을 위해 존재하고, 시민의 힘으로 공공성을 지켜내는 경험을 함께하는 것이 먼저였다.

광명에서는 시민들이 참여할 수 있는 다양한 방법이 시도되었다. 첫 500인 원탁토론회가 열렸고, 시민들은 자신의 의견을 말하고, 상대 생각을 바꾸는 설득의 과정을 통해 공감을 이루었다. 광명시민 톡톡(Talk&Talk) 협치 마당으로 미세먼지 저감 대책, 사회적경제 활성화 방안, 도시재생 방법을 토론하며 이해는 더욱 깊어졌다. 이것은 시민이 소통하고 공감으로 만든 정책은 일부 기득권을 위해서가 아니라 시민 모두를 위해 실현된다는 믿음을 갖는 계기가 됐다.

위원회도 모습이 바뀌었다. 전문가, 교수, 시민단체 등 일부만 참여했던 위원회에 보통 시민이 모였다. 청년, 여성, 일자리위원회가 꾸려졌고, 시민참여 커뮤니티에는 무려 100명이 참여했다. 소수가 독점했던 관행이 깨졌다. 참여하는 시민이 30명, 50명, 100명으로 늘어날수록 정책은 공공의 가치를 향해 갔다.

이에 앞서 모든 정보가 가감 없이 공개됐다. 도시재생, 일자리, 예산 등 중요한 정책 결정이 이루어지면 언론을 통해 제일 먼저 시민에게 알렸다. 400여억 원의 예산을 교육 분야에 지출하고 있는데 정작 학생, 학부모, 선생님들은 어떻게 쓰이는지 몰랐기에, 첫 교육예산 설명회를 열었다. 교육예산이 올바로 쓰이고 있는지, 더 효율적인 재정 운영 방법이 무엇인지 함께 고민했던 이 날, 시민들의 반응은 어느 때보다 뜨거웠다. 시민참여가 구호가 아닌 진정성 있는 말로 다가오는 순간이었다.

주민참여예산위원회에는 약 9천억의 예산을 공공성의 관점에서 꼼꼼하게 봐달라는 부탁을 전했다. 시민의 관점으로 자세히 들여다봤을 때, 정말 힘 있는 예산, 시민 모두를 위한 예산이 될 수 있다.

도시가 성장의 기쁨을 모두 함께 누리려면, 정책 설계부터 실행, 평가까지 전 과정에 시민이 함께해야 한다. 더 많은 시민이 주인의식을 가지고 적극적으로 참여할 때 정책과 예산은 공공의 이익을 담을 가능성이 커진다. 함께 공감하고 신뢰를 쌓으며, 지난 시간 우리는 이것을 배웠다. 우리가 만든 공감의 1년을 뿌리로 광명의 공공성은 더 강화될 것이다.

함께 잘 사는 광명, 사회적경제로부터

〈중부일보 2019.10.29.〉

'우리는 빵을 팔기 위해 고용하는 것이 아니라, 고용하기 위해 빵을 판다'. 미국의 대표적 사회적기업인 '루비콘(Rubicon) 베이커리'의 슬로건이다. 이제는 경제적 이윤보다 사회적 가치 실현을 통해 영리를 창출하는 사회적기업 정의를 가장 잘 표현한 말이 되었다.

일찌감치 사회적경제에 눈을 뜬 미국, 유럽과 다르게 우리는 1990년대 말 IMF 경제위기를 겪으며, 사회적경제를 받아들이기 시작했다. 대량실업 문제를 해결하기 위한 정책으로 태동한 사회적경제는 2006년 사회적기업 육성법이 제정되고 2007년 법이 시행되면서 본격화됐다.

그로부터 10여 년이 흐른 지금, 지표는 여전히 걸음마 수준이지만, 성장세는 가파르다. 유럽 연합의 경우 사회적경제 영역이 총 GDP의 10%를 차지하지만, 우리나라는 아직 전체 GDP의 1%가 되지 못한다. 그러나 2007년에 비해 2018년 사회적기업 수는 40배 증가했고, 고용 규모는 17배 이상 늘어났으며, 고령자·장애인 등 취약계층 고용 비율이 약 60%를 차지하는 등 꾸준히 성장하고 있다.

더욱 고무적인 것은 그 어느 때보다 정부의 의지가 강하고 국민의 관심이 뜨겁다는 사실이다. 문재인 정부는 사회적경제 활성화를 국정과제로 정했고, 문 대통령이 2017년 광주 5.18 국립묘지를 참배하는 과정에서 사회적협동조합이 만든 구두가 화제가 되면서 사회적기업이 큰 주목을 받게 됐다.

광명시도 지난해 7월 민선 7기가 출범하면서, 사회적경제 활성화를 내걸었다. 2013년 광명시 사회적경제지원센터가 문을 열고 사회적기업 지원 정책을 추진해 꾸준히 성과를 내왔지만, 모든 시민이 체감하기에 여전히 해야 할 일이 많았다.

시장으로 취임하고 먼저 사회적기업 홍보대사를 자처하고 시장실을 내주었다. 홍보는 사회적기업이 가장 어려움을 겪는 분야이다. 시장실을 방문하는 많은 손님과 결제를 위해 오는 공무원은 제일 먼저 시장실 한편에 마련된 광명의 대표적인 사회적기업 제품을 마주한다. 바쁜 일정 때문에 도시락으로 끼니를 때우며 회의를 할 때도 사회적기업에서 판매하는 도시락을 이용한다.

사회적경제지원센터를 확장하고 이를 통해 사회적기업 발굴, 전문 컨설팅, 교육 등 지원정책을 강화했다. 사회적 가치를 공유하기 위해 사회적경제 나눔장터를 운영했고, 지난해 말에는 송경용 신부를 모시고 전 직원을 대상으로 특강을 열었다. 10월 초에는 광명의 33개 단체·기업과 공정 무역도시를 선언하며 공정한 도시로 한 걸음 더 나아가고 있다.

좀 더 장기적인 시각으로 정책을 추진하기 위해 연내 사회적경제 발전계획을 마무리할 것이다. 이것들이 모여 현재는 83개의 사회적기업, 마을기업, 협동조합이 활동하고 있지만, 수를 헤아릴 수 없이 많은 시민이 자신들만의 기업을 꾸리고 함께 나누는 토대가 되었으면 한다.

프랑스 파리 18구에 있는 사회적경제 슈퍼마켓인 '라루브(La Louve)'는 우리가 가야 할 길을 보여주는 좋은 사례이다. 조합원 배당도 없고 한 달에 3시간씩 의무 노동을 해야 하지만, 이곳에는 문을 열기도 전에 3천 명이 모였고 여전히 매주 40명씩 조합원이 증가하고 있다. 나보다는 우리를 생각하고, 소유보다는 나눔이 먼저인 '사회적경제 가치'에 공감한 사람들이 이곳에 모였고, 성공적인 운영의 기반이 됐다.

특히 인상적인 것은 이곳이 단 한 푼의 정부 지원도 받지 않았다는 사실이다. 다만 유기농 전문매장에만 식자재를 공급하는 업체가 라루브와 거래를 거부하자, 파리 18구 시장이 직접 편지를 써 유기농 제품을 공급할 수 있도록 도왔을 뿐이다.

대한민국은 고속 성장의 그늘에서 벗어나길 바라고 있다. 자본주의 시장경제가 낳은 불평등과 빈부격차, 환경파괴 등 사회 문제는 모두가 함께 극복해야 할 과제가 되었고, 이것에서 벗어날 대안이 사회적경제임을 공감하고 있다.

광명시도 38년을 바쁘게 달려왔다. 도시는 양적으로 성장했지만, 같은 아픔을 겪고 있다. 우리에게 공공성을 강화하고 공정의 가치를 회복하는 사회적경제는 중요하고 꼭 가야 할 길이다.

다시 또 100년, 지속가능한 광명을 위해서는 함께 가야 한다. 혼자만 달리던 트랙에서 내려와 이웃과 손잡고 걷는 광명의 라루브는 머지않아 올 것이다. 이들이 가는 길에 함께 손을 잡아주고, 꾹꾹 마음을 담은 편지로 도움을 줄 그날이 기대된다.

지방자치단체의 코로나 선제적 대응

〈경기일보 2021.03.18.〉

지난 2월 26일부터 우리나라도 코로나19 백신 접종을 시작했다. 이미 백신 접종을 시작한 미국, 영국 등에 비해서는 늦었지만, 코로나19에서 벗어나 일상을 회복할 수 있을 것이라는 기대감에 전 국민이 백신 접종에 지대한 관심을 보인다. 우리나라의 백신 접종은 우리 국민에게뿐만 아니라 전 세계적으로도 이목을 끌고 있다. 우리나라의 우수한 기술력으로 생산한 K 주사기가 백신 사용의 효율성을 높여 백신 수급난을 다소나마 해소해 줄 것으로 기대되기 때문이다. 이미 글로벌 제약회사와 의료선진국들까지도 우리나라의 K 주사기의 확보에 사활을 걸고 있다.

우리나라가 코로나19 대응 과정에서 전 세계의 관심을 받았던 것이 이번이 처음은 아니다. 우리는 이미 전 세계에 K방역으로 우수성을 입증한 바 있다. 일례로 테드로스 아드하놈 게브레예수스 세계보건기구(WHO) 사무총장은 이례적으로 한글로 트위터에 글을 올리며 "단결과 연대로 코로나19를 막을 수 있다는 것을 보여준 대한민국 국민에게 감사하다."라며 K방역을 높이 평가하기도 하였다.

다른 나라보다 인구밀도가 높은 우리나라에서 이 정도로 효과적인 방역 시스템이 유지될 수 있었던 까닭은 무엇일까? 여러 가지가 이유가 있겠지만 지방자치 행정을 직접 수행하고 있는 시장으로서는 그 원인을 성숙한 지방자치에서 찾을 수 있다고 생각한다.

2020년 코로나19가 전국적으로 확산하면서 위기의 고비마다 지방자치단체들은 각자의 지역에 맞는 방역 대책과 위기 극복 방안을 개발해내기 시작했다. 실제 방역 현장과 가장 가까이 있는 정부이기 때문에 창의적이면서도 효과적인 대책들을 내놓았다. 드라이브스루 선별진료소, 착한 임대인 운동, 재난기본소득 등은 모두 지방자치단체에서 먼저 시작한 정책 사례들이다. 선례가 쌓이고 효과를 보인 정책들이 타 지방자치단체와 중앙정부로 확산하면서 모든 지역의 방역망이 촘촘하게 쌓이기 시작한 것이다.

광명시도 코로나19에 맞서 적극적으로 행정력을 투입하며 코로나19 대응 표준도시로서의 면모를 보여주었다. 종교시설에서 확진자가 대거 발생한 지난해 3월부터는 일요일마다 전 공무원이 관내 340여 개의 교회를 대상으로 현장점검을 나서며 적극 행정을 선도적으로 실시하였다. 또한 전국 최초로 시행한 전통시장 배달 서비스 앱 '놀장'과 도서관 책 배달 서비스는 시민들로부터 좋은 호응을 얻으며 비대면 시대의 하나의 생활 방식으로 자리매김하였다.

이번 3차 대유행이 정점에 달했던 작년 12월에는 보건소뿐만 아니라 시민이 찾기 쉬운 광명시민운동장과 KTX광명역 등에 임시 선별진료소를 설치하였다. 아울러 휴대폰 번호만 제공하면 익명으로 검사를 받을 수 있도록 하여 광명시와 서울을 포함한 수도권 지역의 숨은 감염자를 신속하게 찾아내 코로나19 전파 차단에 기여했다는 평가를 받고 있다.

지역경제 활성화를 위한 경제방역도 놓치지 않았다. '광명시 민생·경제·일자리 종합대책본부'를 구성하여 코로나19 대응 맞춤형 일자리를 발굴하고 광명시 재난기본소득, 저소득층 한시 생활비, 위기가정 지원비, 소상공인 긴급 민생안정 자금 지급 등 시민 생활 안정을 위한 지원을 꾸준히 이어오고 있다.

하지만 최종적으로 K방역을 완성한 건 수준 높은 시민의식과 모두의 적극적인 참여로 이루어진 사회연대의 힘이었다. 코로나 발생 초기부터 시민들은 공동체적 위기 극복 의식을 가지고 방역에 적극 앞장서 왔다. 각 동의 자율방재단을 주축으로 한 봉사자들은 첫 확진자가 발생한 날부터 지금까지 지역의 다중이용시설과 고위험 시설을 자발적으로 소독했다. 또한 마스크 대란 시기에는 하루 70여 명의 시민이 자원봉사로 면 마스크 1만 장을 제작해 기부하기도 했다.

지난해 10월 문을 연 광명시 소하2동의 '소이곳간'도 함께 사는 성숙한 시민연대를 보여주는 좋은 예이다. '소이곳간'은 말 못 할 생계 위기를 겪고 있는 시민을 위해 누구나 자발적으로 기부하고 누구나 자유롭게 음식을 꺼내 갈 수 있는 비대면 공유냉장고이다. 운영 4개월 만에 1,200여 명의 주민이 이용하며 지역 중심의 활발한 나눔 활동이 이어지고 있다.

지방 정부와 시민의 유기적인 협력으로 이끌어낸 성공적인 코로나19 위기 대응 사례들을 보며 자치분권의 현재 위치에 대해 다시 한번 생각해

볼 여지가 있다. 지역은 스스로 문제를 해결해가려는 의지가 확고하고 실제로 그렇게 해나갈 능력이 있다는 것을 증명하였다. 이미 주민 주도의 지방자치를 위한 준비가 충분히 되어있는 것이다.

중앙정부는 지방이 스스로 능력을 키우고 선제적인 행정을 추진해가도록 더 많은 권한과 자원을 지방에 재분배해야 한다. 이를 바탕으로 주민이 지역사회의 주인이 되어 창조적인 시도를 이어갈 때, 위기를 타개할 반짝이는 도약의 기회가 포착될 것이다. 코로나19 극복은 자치단체에게 또 다른 과제와 나아갈 길을 제시하고 있다.

공정한 배움의 기회, '광명시 평생학습장학금'

(경향신문 기고 2021.11.29.)

아는 만큼 보인다는 말이 있다. 기술의 발전이 빨라지고 다양한 정보가 쏟아져 나오고 있지만 활용할 줄 모르면 없는 것과 마찬가지다. 특히 코로나 위기로 인해 디지털 전환이 가속화되며 디지털 기술을 쓸 줄 아는 자와 모르는 자의 차이가 뚜렷하게 벌어지고 있다.

새로운 기술을 받아들이지 못한 대가는 현상 유지가 아니라 상대적인 삶의 질 후퇴로 나타난다. 일례로 예전엔 명절이 다가오면 기차표를 구하기 위해 역에 줄을 서서 기다리곤 했다. 그러나 지금은 집에 앉아 몇 번의 손가락 움직임만으로 스마트폰 앱을 이용해 손쉽게 기차표를 예매한다. 하지만 이런 디지털 서비스의 이용이 어려운 계층은 아직도 과거의 방식에 머물러있다. 남들보다 몇 배의 시간과 노동력을 더 들여야만 같은 결과물을 얻을 수 있는 것이다.

격차는 생활 서비스뿐 아니라 먹거리 분야까지 이어진다. 4차 산업 기술을 바탕으로 생겨나는 일자리는 물론이고 기존의 일자리들도 점점 새로운 능력을 요구하고 있다. 디지털 기술과 같은 새로운 변화들이 편리함을 더해주는 플러스알파의 수준을 넘어 사회 전반의 필수 능력이 되어가고 있다. 이런 급격한 변화 속에서 기본적인 삶의 질을 유지하기 위해서는 변화에 적응하기 위한 끊임없는 학습이 필요하다. 학습을 통해 새로운 시대를 주도해나갈 힘을 길러 모두가 사회의 주인공으로 활약할 수 있도록 해야 한다.

이를 위해 누구나 언제든지 원하는 학습을 할 수 있는 체계를 만드는 것이 중요하다. 특히 코로나로 사회의 양극화가 심화하고 있는 현재 상황에서는 문제를 개인에게만 맡길 것이 아니라 정부가 적극적으로 개입하여 공정한 기회를 제공해야 할 필요가 있다.

그 방안으로 광명시는 전 시민을 대상으로 하는 평생 학습장학금 지급을 추진하고 있다. 더 많은 시민이 학습의 기회를 가질 수 있도록 하기 위함이다. 누구나 필요한 시기에 희망하는 장소에서 원하는 것을 배울 수 있도록 적극적인 지원을 할 계획이다.

광명시는 지난해 2월부터 평생학습 장학금 도입을 준비해왔으며 시민의 의견을 최대한 반영하고자 광명시민 평생학습 장학금 대토론회와 온라인 설문조사, 광명시민 평생학습 장학금 공론장 등을 열어 다양한 시민이 평생학습 장학금 지급 방안 결정에 참여할 수 있도록 하였다.

광명시민을 대상으로 한 온라인 설문조사 결과 응답자의 92%가 평생학습 장학금 지급에 찬성하는 것으로 나타났다. 지급 방법에 대해서는 평생학습 장학금 공론화를 통한 숙의 과정을 거쳐 만 25세 이상 시민에게 20만 원의 장학금을 지급하는 것으로 의견이 모였다. 이를 바탕으로 광명시는 보건복지부 사회보장위원회와 평생학습 장학금 지급을 위한 사회보장제도 신설 협의를 마쳤으며 내년도 지급을 목표로 사업을 추진 중이다.

'국가는 평생교육을 진흥하여야 한다.' 「대한민국헌법」 제31조, '모든 국민은 평생교육의 기회를 균등하게 보장받는다.' 「평생교육법」 제4조에 명시된 내용이다. 우리 법은 모든 국민에게 평생학습의 권리를 부여하고 국가에서 평생학습을 장려하도록 명시하고 있다. 하지만 현실은 아직이다. 이제라도 모든 국민이 본인의 권리를 되찾을 수 있도록 국가와 시민사회 등 다각도의 노력이 필요하다. 광명시의 평생학습 장학금이 이 마중물 역할이 되어주길 기대한다.

| 에필로그 |

함께 길을 내자

'빨리 가려면 혼자 가고, 멀리 가려면 함께 가자'는 말이 있다.
늘 마음에 간직한 말이기도 하다.

2018년 광명시장으로 당선되던 날, 밤잠을 이룰 수 없었다. 25년 가까이 광명에 살면서 하고자 했던 일들이 하나씩 떠올랐다.

사회운동과 시의원, 도의원으로 일하며 고민해 온 '행복한 미래도시 광명'을 현실에서 그려가는 것은 생각보다 쉽지 않았다.

특히 지난 3년은 국가적인 재난으로 다가온 코로나19 방역 활동에 광명시의 모든 민관역량이 집중되었다.

방역 자원봉사에 나선 시민들, 마스크 쓰기를 생활화하고 실천하는 시민들, 사회적 거리 두기를 실천하며 가게를 운영해 온 자영업 소상공인들, 방역복을 입고 뙤약볕에도 코로나 검사를 해 준 의료진과 공직자, 긴 시간 남몰래 눈물을 닦아내거나, 말없이 병원 진료받아가며 묵묵히 일해 온 수많은 광명시민의 희생이 있었다.

그리고 코로나19로 목숨을 잃은 분도, 가정이 더 어려워진 분도 계시다. 이 많은 아픔과 고통, 희생을 이겨내고 하루속히 일상으로 돌아갈 수 있길 기대해 본다.

광명시에는 30만 시민이 함께 산다. 모든 시민의 생각이 항상 같을 수는 없다. 서로가 가진 생각은 '틀린' 것이 아니라 '다른' 것이다. 서로 다름의 차이를 인정하고 소통하는 정치, 따듯한 행정을 만들어 나가기 위해 노력했다.

소박하고 친근하게 다가서려 노력했고 깊이 듣고 선명하게 새겨 실천하려 했다. 그때마다 많은 공무원과 시민들이 기분 좋게 함께해 주었다.

광명시를 시민참여 자치분권 도시로 만들기 위해 속도보다는 방향을 먼저 생각했고, 누구를 위한, 무엇을 위한 결정인가를 고민했다. 그 과정에서 민주주의를 생각했다.

그동안 시민 원탁 토론회나 주민참여 예산제같이 시민이 주권자로 참여하는 다양한 사업에서 성과를 내어 뿌듯했다. 하지만, 아직 갈길이 멀다.

시민이 입법자가 되어 스스로 통제하는 체제를 만들어 가는 과정이 남아 있다.

공적 영역에서 하나씩 과제를 추진해 나갈 때, 그 이익은 시민 모두에게 돌아가야 한다는 믿음으로, 공공, 공정, 공감의 가치로 함께 잘사는 지속가능 발전도시를 실현하고자 노력해 왔다.

임인년 새해가 밝았다.

광명은 새로운 도약의 시대로 접어들었다. 3기 신도시가 개발되고 일자리가 생기고 사람들이 살기 좋은 쾌적한 도시로 조금씩 변화할 것이다.

위대한 도시에는 위대한 시민이 있다. 위대한 광명시민과 함께 걸어온 길을 지금처럼 뚜벅뚜벅 걸어갈 것이다. 올해에도 여러 가지 많은 일이 예정되어 있고, 아직 가야 할 길이 멀다.

멀리 가기 위해 광명시민 여러분과 함께 걷고자 한다.

시민이 행복한 미래도시 광명을 만들어 가기 위해 걸어온 나의 길, 하고자 했던 것들에 대한 나의 의지, 함께해 주셨던 분들의 마음을 다시 새기기 위해 이 책을 펴낸다. 책을 준비하면서 도움을 주신 분들께 감사드린다.

앞으로 걷는 길에도 시민과 함께 멀리 걸어갈 것이다.

함께걷는 길

초판 1쇄 발행 : 2022년 1월 20일

지은이 : 박승원
펴낸이 : 김정애
편집 및 디자인 : 서용석
표지 캘리그라픽 : 김희근
펴낸곳 : 도서출판 오르다
출판등록 : 제 2020-000034호
주소 : 경기도 광명시 안재로1번안길 40 202호
전화 : 02-6224-1266
팩스 : 031-624-9235
메일 : 802707@hanmail.net

정가 20,000원

ⓒ박승원, 2021
ISBN 979-11-977342-0-5 03340

- 이 책에 실린 모든 내용은 저작권법에 따라 보호 받는 저작물로 저작권자의 승인없이 무단 전재와 무단 복제를 할 수 없습니다.
- 잘못된 책은 바꾸어 드립니다.